¿Qué significan tus sueños?

 ÚLTIMOS TÍTULOS PUBLICADOS:

CÓMO PROLONGAR LA JUVENTUD, *Dr. Nicholas Perricone*
SINGLE STORY. 1001 noches sin sexo, *Suzanne Schlosberg*
AUNQUE TENGA MIEDO, HÁGALO IGUAL, *Susan Jeffers*
LA OTRA HISTORIA DE JESÚS, *Fida M. Hassnain*
LA ADIVINA DE ROMA, *Steven Saylor*
EL ARTE DEL MASAJE SENSUAL, *Dr. Andrew Yorke*
LOS GRANDES MISTERIOS DE LA HISTORIA, *Massimo Polidoro*
LA CONJURA BORGIA, *Fabio Pittorru*
LOS NOMBRES, *Emilio Salas*
PENSAMIENTO POSITIVO, *Vera Peiffer*
REGRESO A LA HABANA, *Jordi Sierra i Fabra*
FIDEL CASTRO, *Clive Foss*
LOS CHISTES DE CELTIBERIA, *Lucio Cañete*
EL DIARIO DE ELSA
EL LEGADO TEMPLARIO, *Juan G. Atienza*
LA FARMACÉUTICA, *Esparbec*
INTERPRETA TUS SUEÑOS, *Y. Soliah*
LA REBELIÓN DE GAIA, *Jorge Blaschke*
LO QUE EINSTEIN LE CONTÓ A SU BARBERO, *Robert L. Wolke*
MISTERIO EN LA TORRE EIFFEL, *Claude Izner*
LOS ERRORES DE LA HISTORIA, *Roger Rössing*
CÓMO MEJORAR TU VIDA SEXUAL, *Rachel Copelan*
EL ARTE DE SER MUJER, *Alicia Gallotti*
LA TENTACIÓN DEL TEMPLARIO, *Mary Reed McCall*
APRENDA A CONOCER LOS VINOS, *Victor André*
LOS MEJORES CHISTES CORTOS, *Samuel Red*
EL CURSO, *Juliet Hastings*
HISTORIAS CURIOSAS DE LA CIENCIA, *Cyril Aydon*
ASESINATO EN EL CEMENTERIO, *Claude Izner*
ENCICLOPEDIA DE LOS MITOS, *Nadia Julien*
ÁNGELES, *Malcolm Godwin*
LO QUE OCULTA LA HISTORIA, *Ed Rayner y Ron Stapley*
LOS PECADOS DEL PLACER, *Mary Reed McCall*
LAS CLAVES DE EL SECRETO, *Daniel Sévigny*
EL APÓSTOL DE SATÁN, *Dan Chartier*
SÉ POSITIVA, *Sue Patton Thoele*
EL SECRETO DE LOS NÚMEROS, *André Jouette*
ENCICLOPEDIA DE LOS SÍMBOLOS, *Udo Becker*
CORAZÓN VENGADOR, *Tracy Cooper-Posey*
EL LIBRO NEGRO DE LA HISTORIA DE ESPAÑA, *Jesús Ávila Granados*
EL ARTE DELPLACER SEXUAL, *Barbara Keesling*
NUEVOS MISTERIOS DE LA HISTORIA, *Spencer Carter*
EL LIBRO CLÁSICO DE LA REPOSTERÍA

¿Qué significan tus sueños?

Marcus Salomon

© 2010, SWING

Diseño de cubierta: Regina Richling
Fotografía de cubierta: iStockphoto
Produccióny compaginación: MC producció editorial
ISBN: 978-84-96746-44-2
Depósito legal: B-16.036-2010
Impreso por Litografía Rosés, S.A. – Energía, 11-27 – 08850 Gavà (Barcelona)
Impreso en España - *Printed in Spain*

«Cualquier forma de reproducción, distribución, comunicación pública o transformación de esta obra solo puede ser realizada con la autorización de sus titulares, salvo excepción prevista por la ley. Diríjase a CEDRO (Centro Español de Derechos Reprográficos, www.cedro.org) si necesita fotocopiar o escanear algún fragmento de esta obra.»

Índice

Presentación 9
Los sueños y su significado 10
Diez preguntas sobre los sueños 21

Diccionario de interpretación de los sueños 27

Interpretación temática de los sueños 249
El plano del amor y los sentimientos 254
El plano mental y espiritual 264
El plano material y económico 272
El plano de la salud y la vitalidad 283
El plano laboral y social 291

Agenda personal de los sueños 303

Presentación

El presente diccionario presenta, por orden alfabético, los elementos, seres, objetos, circunstancias y situaciones que suelen darse con más frecuencia en los sueños. La selección ha sido hecha siguiendo las guías de interpretación tradicionales y los registros de los sueños narrados por sujetos sometidos voluntariamente a estudios o investigaciones sobre la psicología del sueño. No obstante, puede ocurrir que no se encuentre una determinada entrada. En ese caso, conviene buscar otra entrada por analogía o similitud (por ejemplo, si no encontramos precipicio, buscar abismo; o en lugar de dejación, recurrir a abandono). La consulta y la interpretación correcta de significados requiere una cierta práctica y una buena dosis de intuición y flexibilidad.

Las fuentes de interpretación

Cada entrada de este diccionario sintetiza y resume un amplio trabajo de investigación sobre las fuentes tradicionales y modernas de interpretación de los sueños, desde Artemidoro y Nostradamus hasta Thomas Tryon o Cagliostro, sin olvidar el psicoanálisis de Sigmund Freud.

Se han escogido aquellas interpretaciones en las que hay más coincidencia o mayor convicción en las obras de los grandes maestros. Para mayor información sobre las fuentes consultadas, véase la bibliografía que se incluye al final del volumen.

Los sueños y su significado

> *... que toda la vida es sueño,*
> *y los sueños, sueños son.*
> Calderón de la Barca
> *La vida es sueño*

La ciencia actual define los sueños como «experiencias alucinatorias que suceden mientras se duerme», y desde los comienzos de la historia el ser humano se ha interrogado sobre esa «vida paralela» que vive mientras está dormido. Una vida llena de imágenes y sensaciones, de personajes extraños, de placeres y peligros, que se desvanece al despertar dejando apenas una memoria vaga de su existencia nocturna. Pronto se empezó a pensar que los sueños debían tener un significado, y se construyeron complicadas simbologías para interpretarlos. Quienes poseían las claves que les permitían leer los sueños se convirtieron en personas influyentes y respetadas, tanto por el pueblo llano como por los poderosos.

Podemos citar por ejemplo al patriarca bíblico José, que alcanzó el máximo poder en Egipto al interpretar acertadamente los sueños del faraón. Esto ocurrió hace más de 5.000 años, y desde entonces las claves de los sueños han estado presentes en todas las mitologías, religiones y creencias de los pueblos. La importancia que se daba a los sueños en la Antigüedad ha quedado registrada en numerosas crónicas y libros sagrados. Sin apartarnos de la Biblia, encontramos más de medio centenar de referencias a sueños simbólicos, agoreros o proféticos, como la escalera celestial que sueña Jacob en medio del desierto. Y se sabe que Mahoma debió prohibir la interpretación de los sueños, cuya popularidad desviaba a sus seguidores de la verdadera fe islámica.

Todos los adivinos, pitonisas, hechiceros, brujas, druidas y otros mediadores con el plano oculto de la existencia han utilizado la interpretación de los sueños como el arte de decodificar un mensaje simbólico sobre la propia vida en la vigilia. Y no sólo para impresionar a las mentes ingenuas, sino también para guiar y asesorar a los grandes gobernantes y guerreros. Figuras tan disímiles como Alejandro, Gengis Khan o Napoleón decidían entrar o no en batalla según el consejo de los sabios que leían sus sueños, y se dice que muchos emperadores, reyes, zares, e incluso algunos papas, consultaban sus decisiones con un «intérprete de sueños». En tiempos más recientes, se menciona a jefes de Estado como Charles de Gaulle y John F. Kennedy, o a líderes políticos como Chiang Kai Shek y el Mahatma Ghandi.

Los sueños en la Antigüedad

La creencia más antigua sobre los sueños se refiere a su capacidad de predecir el futuro, ya sea como destino general o como acontecimiento inminente. La historia bíblica de José y los sueños del faraón se vio confirmada por el hallazgo de los papiros de Chester Beatty, un documento proveniente de la XII dinastía egipcia, que reinó hace unos 4.000 años. Estos papiros contienen normas para la interpretación de distintos tipos de sueños, en general relacionados con la suerte del reino, las cosechas y la guerra.

En los documentos más antiguos se registran sueños de personajes poderosos, como un rey, un guerrero o un sacerdote, a los que un dios advierte sobre algún peligro y le da consejos para evitarlo. El *Atharveda*, tratado hindú del siglo V a.C., contiene todo un capítulo dedicado a la interpretación de los presagios contenidos en los sueños. En las ruinas de la ciudad de Nínive se encontró también una guía de sueños entre las tablas de la biblioteca del rey Asurbanipal, que gobernó Babilonia en el siglo VII a.C. Sin duda el más célebre libro de interpretación de sueños de la antigüedad es la *Oneirokritica*, una completa guía de símbolos y significados oníricos del sabio griego Artemidoro, que se sigue consultando en la actualidad.

Pero ya los mismos griegos llegaron a cuestionar la infabilidad del mensaje de los sueños. En la famosa *Odisea* de Homero se establece la división entre los sueños verdaderos y los sueños falsos, «que pasan bajo un puente de marfil». Se supone que este puente se encontraba en los alrededores del Olimpo, y que eran los propios dioses quienes enviaban esos sueños ficticios para confundir a los mortales. Aristóteles, por su parte, es el primero en plantearse una explicación científica del fenómeno de los sueños, relacionándolos con las impresiones y emociones vividas durante la vigilia.

Los sueños y la realidad

Retomando la idea planteada por Aristóteles, numerosos filósofos y pensadores intentaron desentrañar y definir la diferenciación entre los sueños y la realidad. En el siglo XVII René Descartes observó que «la memoria nunca puede relacionar un sueño con otro o con el curso de nuestra vida, tal como se relacionan los hechos que nos suceden cuando estamos despiertos». Esta incoherencia o falta de unidad de los sueños fue generalmente utilizada para atribuirles un carácter errático o casual, sin un significado o influencia especial sobre la realidad de la vigilia. Pero otro célebre filósofo, Bertrand Russell, cuestionó seria y poéticamente esta posición. «Obviamente es posible –escribió– que lo que llamamos vida real pueda ser una inusual y persistente pesadilla.» Russell, matemático de formación y premio Nobel en 1950, se distinguió tanto por su adhesión a la lógica científica como por su audaz indagación de las fronteras de la mente humana.

El a veces frágil límite entre los sueños y la realidad fue ampliamente utilizado en las creaciones artísticas y literarias. Baste recordar, por ejemplo, cuántas veces un relato de misterio o de terror acaba con el recurso de que «todo había sido un sueño», o las numerosas escenas oníricas que aparecen en la historia de la pintura o del cine. Hay también artistas que encontraron soñando la inspiración para sus obras. Robert Louis Stevenson, el conocido autor de *La isla del tesoro,* asegura en un escrito biográfico que en una noche soñó el argumento completo de su novela *El Dr. Jekill y Mr. Hyde* (también conocida como El hombre y la bestia), tema que ni siquiera se había planteado en su vida de vigilia. Havelock Ellis, en *El mundo de los sueños,* cita el caso del violinista y compositor Giuseppe Tartini, que soñó que el diablo tocaba al violín una hermosa sonata. Al despertar reprodujo lo mejor que pudo la partitura, que tituló *La llamada del diablo,* y que es una de sus obras más notables.

La aportación de Sigmund Freud

Mientras los filósofos especulaban sobre el origen de los sueños, y los artistas los utilizaban para sus creaciones, su interpretación siguió en manos del conocimiento hermético. La lectura de los sueños fue a través de los siglos un saber esotérico, que los iniciados se transmitían de generación a generación a partir de códigos simbólicos establecidos por las distintas corrientes adivinatorias. Estos saberes ocultistas se mantuvieron al margen de las ciencias «oficiales», como la psicología, la filosofía o la psiquiatría, hasta que a principios del siglo XX el psiquiatra vienés Sigmund Freud introdujo la interpretación de los sueños como un elemento fundamental de su teoría psicoanalítica.

La obra de Freud otorga una importancia básica a lo simbólico y califica al sueño como «el camino real hacia el inconsciente». Según él, el sueño da lugar a la manifestación del inconsciente por medio de símbolos que expresan impulsos reprimidos. La teoría freudiana supone que durante el sueño el pensamiento se torna más primitivo y regresivo, sacando a la luz lo que ha sido negado y ocultado por la represión. Es así como en la simbología onírica pueden desvelarse los deseos reprimidos, en especial los relacionados con el sexo y la agresión. La interpretación de los sueños del paciente tiene pues un valor irremplazable en el proceso terapéutico del psicoanálisis. Aunque Freud establece un cierto código simbólico (por ejemplo, la significación fálica de la serpiente), es el propio psicoanalista el que debe buscar la interpretación apropiada según el historial y el proceso analítico de cada paciente.

El contenido de los sueños no siempre es simbólico, ya que puede también conformarse tanto a partir de la presión urinaria sobre la vejiga (sueños eróticos), como por las circunstancias vividas durante la vigilia anterior (residuos diurnos), o la asociación inconsciente con la memoria de recuerdos infantiles, aparentemente olvidados (regresión).

Las tesis del célebre libro *La interpretación de los sueños (Die Traumdeutung)*, publicado en 1900, y de otros trabajos posteriores de Freud fueron desarrolladas y ampliadas luego por algunos de sus discípulos. Carl Jung rechazó la importancia que daba Freud a la pulsión sexual, y propició la idea de que la función de la vida onírica es «compensar» las frustraciones y carencias que se presentan en la vida real. Jung elaboró asimismo la teoría de un «inconsciente colectivo» que comparten todos los seres humanos, y que se manifestaría a través de los sueños. Este inconsciente existiría en una dimensión ajena a los cuerpos físicos de las personas, pero acumulando todas las ideas, pensamientos, fantasías y experiencias que ha registrado la humanidad a lo largo de su historia, y las que se dan paralelamente en el presente. Esta hipótesis de un inconsciente transpersonal, infinito y eterno se relaciona con la idea esotérica del «plano astral», y está en la base de los estudios parapsicológicos modernos y de la interpretación de los sueños como mensajes de ese inconsciente colectivo.

También Alfred Adler y, más tarde, Jacques Lacan revisaron la obra de Freud con diversas aportaciones e interpretaciones. No obstante, un siglo más tarde, nadie niega al gran sabio vienés el mérito fundamental de haber recuperado la interpretación de los sueños como un recurso fundamental para la exploración del inconsciente.

Los sueños en las creencias primitivas

No es imprescindible remontarse a los egipcios o los babilonios para registrar la importancia que las culturas ancestrales han otorgado a los sueños. A lo largo y lo ancho del mundo actual, perviven numerosos pueblos que mantienen sus creencias originales milenarias. Una de las explicaciones más interesantes sobre los sueños es la que conservan las tribus esquimales de la bahía de Hudson. Según su tradición, durante el sueño el alma abandona el cuerpo para vivir una especial experiencia onírica. De allí proviene la idea de que el durmiente puede morir, o al menos quedar reducido a una vida meramente animal, si se lo despierta bruscamente mientras su alma está ausente. Lo mismo creen los tajales de la isla de Luzón, que establecen severos castigos para quienes osen despertar a un durmiente. Este «viaje» del alma coincide con la idea del plano astral y la tesis del inconsciente colectivo que propone Carl Jung. Otras culturas otorgan una existencia prácticamente real a lo que sucede en los sueños. Durante una expedición en Guyana uno de los cargadores de la tribu macusi despertó agotado y exhausto, después de haber soñado con un arriesgado viaje en canoa por los saltos de un río. La tradición de Borneo indica que si un hombre sueña que su mujer lo engaña con otro, el padre de la infiel onírica está obligado a llevársela de vuelta a casa, y el compromiso matrimonial queda anulado. Los zulúes rompen definitivamente sus estrechos lazos de amistad masculina si sueñan que el amigo los ha agredido o traicionado.

En otros casos, como entre los iroqueses del Canadá, se cree que hay que esforzarse por hacer realidad los sueños lo antes posible, pues son como órdenes de los dioses. Los kurdos, por su parte, entienden que si sueñan con algo de valor pueden apoderarse de ello, incluso por la fuerza. Y entre los varones de la península de Kamchatka el solo hecho de soñar que una muchacha les otorga sus favores les da derecho a exigir a la interesada que haga realidad su sueño. Como puede verse, no se trata sólo de colocar a la realidad y al sueño en un plano de igualdad, sino que a los sueños se les otorga un estatus superior, hasta el punto de que condicionan directamente acontecimientos posteriores en la vigilia.

La fisiología del sueño

Hasta la segunda mitad del siglo XIX, ni la fisiología ni la medicina habían prestado especial atención al fenómeno del sueño. Dormir era algo necesario para reponer energías, y las imágenes oníricas simples divagaciones de la mente en reposo, estimuladas a veces por una digestión pesada o por dificultades respiratorias. Pero a partir de los estudios del pionero Alfred Maury, la ciencia comenzó a interesarse por lo que ocurría realmente durante el sueño. Se estableció así que el contenido de los sueños provenía de las circunstancias que rodeaban al durmiente (ruidos, tormentas, risas lejanas, etc.) o de recuerdos borrosos de su vida en vigilia (los «residuos diurnos» de los psicólogos posteriores).

Ya avanzado el siglo XX, los estudios sobre la fisiología del sueño comprobaron que la actividad onírica se produce durante un período en el que se registran rápidos movimientos oculares debajo de los párpados. Esta etapa fue denominada REM (del inglés *rapid eye movement*), y se comenzó a experimentar con sujetos que eran despertados en distintos momentos mientras dormían. Los que despertaban en medio de un período REM relataban sueños vívidos y detallados, hecho mucho menos frecuente entre los que eran despertados durante el sueño normal.

El período REM aparece aproximadamente cada hora y media durante el tiempo en que una persona duerme y dura al principio unos diez minutos, para hacerse más extenso sucesivamente. Una persona de 50 años que duerme ocho horas diarias ha pasado ya entre cuatro y cinco años sumergida en los sueños de la etapa REM. Desde el punto de vista corporal, la frase «dormir como un tronco» es sólo una figura retórica. Aunque la musculatura esquelética se relaja acomodándose a la superficie que sostiene el cuerpo, éste realiza cada tanto pequeños o grandes movimientos de acomodación, e incluso da vueltas completas sobre sí mismo varias veces en una noche. Todas las funciones orgánicas, como la respiración, la circulación, la digestión y las funciones metabólicas, se mantienen durante el sueño aunque a un ritmo más bajo de actividad. También es menor la frecuencia de descargas eléctricas u ondas que emite la corteza cerebral.

Soñar y recordar los sueños

Se estima que cada noche soñamos activamente durante una hora o una hora y media, en sucesivos períodos REM. Sin embargo no siempre recordamos esos sueños al despertar, o retenemos sólo fragmentos dispersos y borrosos de su contenido. Esto se debe a distintas causas, que debemos evitar si deseamos mantener presente, de la forma más completa posible, la materia de nuestros sueños.

Todo despertar brusco, ya sea por otra persona o por un reloj despertador, «rompe» el hilo que nos une al mundo onírico. Debemos intentar despertarnos de forma natural, pasando suavemente por un período intermedio entre el sueño y la vigilia, que es el mejor momento para «fijar» la memoria de los sueños. Esto puede obtenerse mediante un breve entrenamiento de autocontrol, concentrándonos al cerrar los ojos en la hora en que deseamos despertar. Nuestro inconsciente registra esta orden mental, y con un poco de práctica conseguiremos despertar en el momento deseado, sin brusquedad ni sobresaltos. Y es en ese momento de semivigilia cuando podemos aún recuperar y recordar el contenido de los sueños. Por lo tanto es también contraproducente la costumbre de pensar, apenas despertar, en las tareas y obligaciones del día. Debemos concedernos unos instantes para hacer el «pase» del mundo onírico al mundo real, reteniendo en la memoria las imágenes del primero.

Otros enemigos de los sueños son el alcohol y los somníferos o sedantes, que contienen sustancias que no sólo embotan el recuerdo de los sueños, sino que también afectan a los períodos REM. Bajo sus efectos esos períodos se hacen más escasos y fragmentarios, hasta el punto de que hay sujetos que dejan de soñar totalmente al abusar de esos productos. Si se sufre de insomnio, lo mejor es recurrir a tisanas de hierbas y otros inductores naturales del sueño. Existen también ejercicios de relajación y autosugestión que son muy efectivos, y que se basan principalmente en poder alejar de nuestra mente los problemas de la vigilia. Hasta cierto punto, podemos asimismo «inducir» un sueño a partir de ciertas imágenes o escenas en las que nos concentramos al irnos quedando dormidos. Con la misma técnica se puede también intentar «retomar» un sueño anterior que ha quedado trunco y que nos resulta placentero o interesante para su interpretación.

La interpretación

Como ya se ha dicho, hay expertos que se dedican a interpretar detalladamente los sueños, y que pueden resultar muy útiles ante sueños muy complejos o situaciones difíciles. Pero si lo que queremos es mantener una relación casi cotidiana con nuestro mundo onírico, utilizando su interpretación para comprendernos mejor a nosotros mismos y mejorar nuestra vida, resulta engorroso (y bastante caro) recurrir constantemente a un especialista.

En este caso, que es el más común entre los aficionados a la lectura de sueños, debemos utilizar la «autointerpretación». Para ello es importante seguir los consejos que se han dado anteriormente respecto a las condiciones del sueño y a los recursos para memorizar sus imágenes y circunstancias. Nuestra ayuda fundamental será el «diccionario de interpretación» que se incluye a continuación en este volumen, y que resulta una guía imprescindible para una acertada lectura de nuestro mundo onírico. No obstante, nunca debe caerse en una aplicación mecánica y simplista de las entradas del diccionario, ya que una buena interpretación depende también de las circunstancias que vive en cada momento el sujeto que sueña, y de la correcta asociación e interrelación entre los diversos elementos del sueño. Damos a continuación unos breves consejos para poder sacar mejor provecho de este libro y llegar a ser un buen intérprete de sueños, ya sean propios o de otra persona:

Condiciones del sueño. Procurar siempre entrar y salir del sueño naturalmente relajados, sin utilizar fármacos para dormir ni avisos bruscos para despertar. Evitar también el abuso del alcohol, y crear las mejores condiciones ambientales posibles (comodidad, oscuridad, silencio, etc.).

Registro de los sueños. Darse un tiempo apenas despertar para registrar lo que hemos soñado, ya sea de memoria o con ayuda de apuntes y grabaciones.

Elección de situaciones e imágenes. Escoger los temas o elementos del sueño que nos parezcan más significativos para su interpretación. Establecer una jerarquía entre ellos, así como las relaciones que puedan tener entre sí y su reiteración a lo largo del sueño.

Búsqueda de los significados. Consultar en el diccionario las entradas de los elementos o situaciones que se han escogido (si una entrada presenta dos o más interpretaciones posibles, seleccionar la que resulte más apropiada). Luego aplicar los criterios de jerarquía, interrelación, asociación y reiteración.

Interpretación básica. Ajustar los significados obtenidos, teniendo en cuenta las circunstancias personales y vitales del sujeto, o cualquier otro elemento de la vigilia que deba tomarse en consideración. Luego ordenar y sintetizar los significados en una interpretación coherente del contenido del sueño, y anotarla o grabarla.

Interpretación continua. Cada tanto (por ejemplo, una vez al mes) repasar el registro de sueños puntuales. Observar las reiteraciones, coincidencias u oposiciones, procurando descubrir nuevos significados o confirmar significados puntuales, seleccionando y ajustando las interpretaciones. Esto nos permitirá mantener una interpretación continua de nuestro mundo onírico y de su relación con nuestra vida en vigilia.

Interpretación ampliada. Se trata de analizar y combinar las interpretaciones básicas y la continua, a fin de establecer una especie de «mapa» o estructura de nuestro mundo onírico, que puede ser un reflejo bastante fiel de nuestro inconsciente y de las visicitudes que nos prepara el destino.

En la parte final de este volumen se incluyen tres modelos de agenda para llevar el registro de estas interpretaciones y de los sueños correspondientes.

Diez preguntas sobre los sueños

En este apartado hemos seleccionado las preguntas más habituales que la gente suele hacernos sobre los sueños, procurando responderlas de forma clara y breve. Con una rápida lectura, el lector o lectora podrá tener una idea general de las cuestiones e inquietudes que suele plantear este tema, e informarse sobre sus aspectos básicos.

1. ¿Se sueña en color o en blanco y negro?
Pese a que hay personas que aseguran que tienen sueños en color y otros monocromáticos, es difícil establecer si esta diferenciación existe realmente. Y la duda se refiere a la existencia de sueños en blanco y negro, idea quizá sugerida por el cine y el hecho de que es frecuente recordar un sueño como una «película». De lo contrario, habría que pensar que también en la vigilia podemos imaginar escenas en blanco y negro o en color.

En cualquier caso este asunto no es importante para la interpretación, aunque si un color es muy dominante o se repite en varios sueños, deberemos incorporar su simbolismo al estudio de los significados del sueño.

2. ¿Qué significa si un sueño se repite una y otra vez?
La repetición o reiteración de un sueño, o mejor quizá del mismo tema con ligeras variantes, es bastante frecuente. En general debemos interpretarlo como la insistencia de nuestro inconsciente en un asunto que nos preocupa, o también unas escenas felices que deseamos volver a disfrutar. Otra

razón posible es que no comprendemos o desoímos un sueño de advertencia.

Si llevamos una agenda personal de sueños, es importante registrar todas estas repeticiones, apuntando las fechas y los detalles.

3. ¿Son peligrosas las pesadillas?

Estos sueños muy angustiantes o aterradores se presentan con más frecuencia en los niños pequeños, como residuo diario de sus temores o expresión del miedo a la noche, la oscuridad, la tormenta, etc. En los adultos suelen responder a un desarreglo físico (comidas copiosas, dispepsia, problemas respiratorios, una mala postura al dormir, etc.) y con menos frecuencia a situaciones personales de ansiedad, duelo o angustia.

De todas formas, la pesadilla en sí no reviste ningún peligro, y los casos de paros cardíacos o ahogos fatales producidos por un sueño pertenecen sólo al mundo de la ficción literaria o cinematográfica.

4. ¿Pueden los sueños predecir el futuro?

Depende de a lo que llamemos predecir. Si lo entendemos como el anuncio de un hecho inexorable e irreversible, debemos decir que no, que los sueños no tienen esa capacidad ni esa función. Otra cosa es que la mayor parte de los sueños indican, advierten o señalan aspectos que no conocemos de nuestra vida, y por lo tanto vaticinan lo que puede ocurrirnos según esas caraterísticas o tendencias que llevamos dentro.

En un plano más directamente adivinatorio, los sueños también expresan simbólicamente lo que llamamos inconsciente universal, o dimensión astral de la existencia, donde sí están previstos algunos momentos de nuestro futuro, sean buenos o malos. Pero se trata siempre de premoniciones, de advertencias, de cosas que pueden suceder si algo no lo impide. Y aquí reside el valor fundamental de la interpretación de los sueños, a través de la cual podemos «leer» esa dimensión superior, y actuar en consecuencia.

5. ¿Por qué a veces durante el sueño se sabe que se está soñando?

Es una buena pregunta, que hace unos años no habríamos sabido responder. Recientemente los psicólogos han reconocido y estudiado este tipo de sueños «lúcidos», que generalmente se producen en la primera fase después de caer dormidos, y nunca en los momentos REM.

En realidad son imágenes que están en el límite entre la imaginación y el mundo onírico propiamente dicho. Hay personas que no sólo saben que están soñando, sino que hasta cierto punto pueden «dirigir» el sueño y entrar o salir de él cuando les apetece. Desde el punto de vista de la interpretación de los sueños, estos sueños lúcidos no tienen demasiado valor, porque quien declara que sabe que está soñando en realidad no lo sabe. Es decir, no sabe distinguir entre el sueño verdaderamente onírico y las fantasías que nos imaginamos entredormidos.

6. ¿Pueden los sueños resolver nuestros problemas?

Afortunadamente, nuestros problemas se resuelven en el mundo real, que es donde podemos tomar decisiones y actuar sobre ellos. Lo que sí pueden hacer los sueños, y de hecho es su función fundamental, es advertirnos sobre la existencia y la dimensión de esos problemas, y a veces darnos pistas para evitarlos o superarlos. A esa virtud de los sueños alude el dicho popular sobre la conveniencia de «consultar con la almohada». Pero después habrá que despertar, levantarse y poner en práctica esas posibles soluciones.

7. ¿Qué significa cuando hablamos en sueños?

Hay personas que hablan dormidas, incluso aunque no estén soñando ni en un período REM. Otras no lo hacen nunca, ni aun en medio de una terrible pesadilla. De modo que hablar en sueños es una característica individual, que puede darse o no en cada uno de nosotros.

Lo que decimos dormidos puede hacer referencia a experiencias recientes de la vigilia o a hechos simultáneos al sueño, como la sensación de frío o unos ruidos en la noche. En los períodos REM también podemos expresar lo que estamos soñando, o expresar en voz alta algún diálogo o sensación de la escena onírica. Pero el hecho de decirlo audiblemente no tiene ningún significado ni consecuencia, salvo que en sueños digamos algo que en la vigilia hubiéramos preferido callar.

8. ¿Puede un sueño empujarnos al sonambulismo?

Pese a lo que se suele pensar, el sonambulismo no siempre tiene relación con los sueños. Se da con alguna frecuencia en los niños, en general a causa de desarreglos nerviosos, o también por una pesadilla. Lo habitual es que den un breve paseo, a veces hablando para sí, y luego vuelvan a la cama. Si es necesario se los puede despertar suavemente, sin que eso signifique ningún tipo de riesgo.

El sonambulismo adulto es mucho menos frecuente, y su causa puede ser una psicopatía histérica, aunque también influyen rasgos hereditarios. Los sueños poco tienen que ver, pero su interpretación puede ayudar, junto a un tratamiento psiquiátrico.

9. ¿Qué pasa si nunca recordamos los sueños?

Es raro que alguien «nunca» recuerde haber soñado, pero sí es cierto que hay personas con mejor memoria onírica que otras. Ese don natural puede reforzarse o «aprenderse» por medio de ejercicios muy sencillos de concentración al despertar, y especialmente interesándose en el tema y llevando una agenda de lo que podamos recordar, aunque sean imágenes sueltas o escenas muy breves y borrosas. Poco a poco nuestros recuerdos serán cada vez más nítidos y completos. Es también importante evitar o reducir el consumo de alcohol y de tabaco, que afectan a la memoria, y renunciar a cualquier tipo de medicamentos somníferos o hipnóticos, que acortan o incluso inhiben los momentos REM. Debemos aclarar que el hecho de no recordar los sueños no afecta a nuestra salud, aunque nos quite parte de la riqueza y misterio de la vida.

10. ¿Debo tomarme en serio un sueño que me anuncia mi muerte?

No debe tomarlo de ninguna manera, porque ese sueño no existe, al menos en las escuelas serias de interpretación. Como se explica con más detalle en la respuesta a la cuarta pregunta, los sueños son advertencias o premoniciones sobre los distintos planos de nuestra existencia, pero nunca designios drásticos e inapelables.

Aun así, no existe ningún elemento simbólico, ni combinación de ellos, cuyo significado anuncie nuestra propia muerte, como se puede comprobar en el diccionario de interpretación de los sueños que se incluye a continuación.

Diccionario de interpretación de los sueños

Abadía, abad, abadesa

Soñar con una abadía, monasterio o convento significa que necesitamos ayuda o consejo ante riesgos que nos acechan. Si el edificio está abandonado o en ruinas, indica que esos riesgos pueden llevarnos a una situación de ignominia. Si es bello y luminoso, significa que buscamos una trascendencia espiritual o religiosa.

Abad. Soñar que estamos con un abad, o un monje o sacerdote, indica necesidad de consejo o consuelo. Si uno mismo se sueña como un abad o un prelado, puede significar ansias de poder, pero también que alguien de nuestro entorno conspira contra nosotros.

Abadesa. Esta figura sugiere siempre la fuerza femenina, que puede ayudarnos o amenazarnos según su actitud en el sueño. Si una joven sueña que es una abadesa, indica espíritu de rebeldía y ansia de seguir sus propias normas.

Abandono

Un sueño de abandono sugiere generalmente dificultades y soledad. Si somos nosotros los abandonados, indica que tendremos problemas para alcanzar nuestras metas futuras. Si abandonamos a otros, significa que afrontaremos solos una serie de adversidades sin encontrar ayuda. Soñar que se abandona una casa indica que sobrevendrán algunos cambios en nuestra vida. Si los que nos abandonan son personajes fuertes, puede indicar que nos liberaremos de alguien que nos sojuzga. Ese sentido liberador puede aparecer también en cualquier sueño de abandono, dependiendo de las circunstancias soñadas.

Abanico, abanicarse

El abanico indica en principio buenas noticias o circunstancias favorables en un futuro próximo. Tiene también un sentido de coquetería y frivolidad, que puede atenuar la trascendencia de esas novedades. En su vertiente de ocultamiento, señala alguna circunstancia que no logramos develar del todo.

Abanicarse. Si soñamos que nos abanicamos a nosotros mismos, significa que nos liberaremos de algunos problemas actuales. El que otros nos abanican sugiere que tendremos encuentros agradables e interesantes.

Abejas, colmenas

Las abejas indican encuentros y compromisos, generalmente favorables. Si son muchas y se muestran activas, sugieren progresos o buenos resultados en el trabajo. Si es una sola, puede indicar un encuentro sentimental o romántico, especialmente si liba una flor o se posa sobra ésta.

Soñar que nos pica una abeja significa un peligro inesperado, y si nos persigue todo un enjambre vamos a correr un serio riesgo en un futuro próximo. Si nos liberamos sin daño del enjambre, sugiere que también podremos sortear el peligro, pero con esfuerzo.

Colmenas. Las colmenas sugieren laboriosidad y la dulzura de la miel. Soñar con ellas hace referencia siempre a nuestros trabajos o negocios, que se verán favorecidos e incrementados.

Abismo

Soñar con un abismo indica alguna forma de peligro o amenaza. Si estamos al borde, contemplando su profundidad, significa que tendremos problemas y que recibiremos reproches y acusaciones por ellos.

Si soñamos que caemos en el abismo, el peligro es inminente y de muy difícil solución. Pero si logramos evitar la caída o saltar sobre el abismo significa que conseguiremos recuperarnos de ese trance.

Aborto

En principio soñar con un aborto indica que sobrevendrán interrupciones o retrasos en nuestras tareas o expectativas. Si se trata de una mujer que sueña que ella misma aborta, señala la posibilidad de frustraciones en sus deseos o pérdida de algo querido. Si, ya sea hombre o mujer, se sueña que se presencia un aborto o se participa en él, hay riesgo de enfermedad o de accidente.

Abrazo, abrazar, ser abrazado

El abrazo, en cualquiera de sus formas, es un típico sueño de interpretación opuesta, con un alto significado de riesgo o traición. Si sólo contemplamos que otros se abrazan, indica que alguien de nuestro entorno puede enfermar gravemente o incluso morir.

Abrazar a otro. Tiene un significado similar respecto a la persona abrazada. Ella misma o algún ser cercano puede padecer un mal o fallecer. Pero ver en sueños que nuestra pareja abraza a otro significa, curiosamente, que podemos estar seguros de su amor.

Ser abrazado. Si soñamos que otro nos abraza, debemos desconfiar de esa persona. El sueño anuncia que puede abandonarnos o traicionarnos.

Abrigo

Soñar que llevamos o compramos una prenda de abrigo indica que estaremos protegidos ante cualquier adversidad. Pero el abrigo también tapa o esconde nuestra persona, por lo que llevarlo puede significar también que ocultamos nuestras verdaderas intenciones, o no nos expresamos con franqueza en algún asunto.

Abuelos, antepasados

El soñar con los abuelos, o con uno de ellos, puede significar, si están vivos, un reclamo de atención o un anuncio de enfermedad. Si han fallecido, indica una advertencia sobre algún aspecto poco claro de nuestra conducta o de algo que pensamos hacer.

Antepasados. El soñar con antepasados más remotos puede indicar una crisis de personalidad o de identidad que necesitamos reforzar. Si la actitud de esos ancestros es de enfado o rechazo, indica que algo en nuestra conducta acabará provocando una desgracia.

Abundancia

Se trata de otro sueño de claro significado contrario. Cualquier tipo de abundancia, de dinero, de objetos materiales, de alimentos, etc., indica precisamente lo opuesto: que corremos el riesgo de dilapidar lo que tenemos, o de perderlo de mala manera.

Accidente

Soñar que se sufre un accidente aéreo significa que se deberá afrontar una disputa, un pleito u otro conflicto importante. Si el accidente es ferroviario indica un problema de dinero;

si es de carretera, un problema de salud; si es en una embarcación, un problema de amistad o de relaciones familiares.

Acicalado, acicalarse

Soñar que alguien que conocemos se acicala o maquilla exageradamente, o aparece de esta forma en el sueño, indica que esa persona nos oculta algo. Si se trata de un desconocido, nos previene de un engaño o trampa que nos pueden tender.

Acicalarse. Si uno mismo se acicala o aparece muy maquillado en el sueño, indica deseos de agradar y seducir, posiblemente con algún fingimiento. Si el que sueña esto es un hombre, indica deseo de identificación con el sexo opuesto o de actuar como una mujer en alguna relación o asunto.

Acostado, acostarse

Ver en sueños a alguien acostado indica inestabilidad o incertidumbre en nuestra relación con esa persona. Si el que está acostado es la persona que sueña, significa que se atraviesa una etapa de dudas e inseguridad que nos impide actuar ante nuestros problemas.

Acostarse. Soñar que uno se acuesta con su pareja u otra persona del sexo opuesto indica en principio buenos augurios. Si la persona es del mismo sexo significa que recibiremos burlas y críticas que nos avergonzarán.

Acusación, acusado, acusar

Soñar que se es acusado por los demás significa que se tendrá suerte en el camino elegido, hasta el punto de provocar envidia. También que no debemos prestar oídos a recriminaciones o maledicencias.

Acusado. Si soñamos que alguien es acusado ante algún tipo de juez o tribunal, significa que podemos tener problemas con esa persona.

Acusar. Si somos nosotros los que acusamos a otra persona, indica que un peligro o desgracia nos amenaza.

Adivinación

Soñar que nos sometemos a cualquier tipo de adivinación (tarot, horóscopo, cartas, quiromancia, etc.) indica que tendremos problemas por nuestra indecisión o falta de ánimo. Si nos soñamos en el papel de adivino/a, formulando predicciones, significa que recibiremos ayuda y nuestra suerte mejorará.

Adoración, adorar

En general, soñar que se adora a Dios o a otras figuras religiosas tiene un significado de paz y alegría. Adorar a otra persona en sueños, por el contrario, indica una debilidad o un distanciamiento pasajero.

Adorar. Si lo que adoramos son ídolos, animales, demonios o dioses extraños, significa que deberemos cuidarnos de una persona cercana en la que confiamos demasiado.

Aduana, frontera

El ser interrogado o revisado en una aduana es un claro indicio de cambio inminente. El significado está condicionado por el fin del sueño. Si logramos pasar, el cambio puede ser beneficioso; si somos retenidos, puede ser un cambio negativo, o que llega tarde.

Frontera. Si soñamos que intentamos pasar vallas o alambradas de una línea fronteriza, la interpretación es similar, según el resultado del intento.

Adulterio

Si en un sueño se nos tienta a cometer adulterio, pero resistimos, significa que estamos en un momento de buena suerte para emprender negocios, tareas o actividades nuevas. Si caemos en la tentación, indica que nos veremos envueltos en discusiones y problemas. Si soñamos que nuestra pareja comete adulterio, significa en principio que ambos nos amamos mucho y seremos felices.

Agonía, agonizar

Es éste un sueño de significado opuesto, ya que soñar que se está agonizando es sin duda un indicio de buena suerte, ya sea en el amor, el trabajo o el dinero. Si presenciamos la agonía de alguien conocido, significa que recibiremos una ayuda, un obsequio o incluso una herencia. Si se trata de un extraño, indica también algún tipo de beneficio inesperado, posiblemente relacionado con juegos de azar.

Agresión

Soñar que se sufre una agresión física indica que alcanzaremos éxito en lo que nos proponemos. Pero si se trata de un atraco o un asalto por parte de varias personas, puede significar que nos esperan sufrimientos y problemas.

Si el agresor es el que sueña, indica que afrontamos nuestros asuntos con ligereza o precipitación, que pueden llevarnos al fracaso.

Agua

La interpretación de los sueños de agua ofrece una amplia gama de posibilidades, según el tipo de agua y las circunstancias del sueño. En principio, el agua simboliza casi siempre nuestra vida sentimental y afectiva, o alguno de sus aspectos. Soñar con agua clara, límpida y serena significa buena suerte, tranquilidad y solución de problemas pendientes. Por el contrario, si el agua es sucia, turbia o fangosa pueden aparecer problemas nuevos o complicarse los que ya tenemos. A partir de estos criterios, la interpretación depende de las circunstancias oníricas que nos relacionan con el sueño. Por ejemplo, si contemplamos una fuente de agua clara, significa que el desarrollo de nuestras relaciones será tranquilo y feliz; pero si en lugar de mirar, bebemos agua limpia, indica que pasaremos por una etapa de paz y equilibrio interior.

Águila, halcón, cóndor

En la lectura de sueños tradicional se suele distinguir entre las aves de rapiña «nobles», como las citadas en esta entrada, de las «innobles», como el cuervo, el buitre y otras. Siguiendo este criterio, soñar con rapaces «nobles» indica un beneficio o incremento en la situación económica, salvo que en el sueño seamos atacados por ellos. En ese caso, el significado puede ser inverso o anunciar otro tipo de problemas.

Agujas, alfileres

Soñar con agujas o alfileres anuncia conflictos en nuestras relaciones sentimentales. Excepto que utilicemos esos instrumentos para coser o remendar ropas, lo que significa que tendremos amores dichosos y duraderos.

Si soñamos con agujas rotas, o que nos herimos con ellas o con alfileres, es señal de pequeños problemas que nos preocuparán durante un tiempo, pero sin gravedad.

Ahogado

Los sueños de ahogados son un típico ejemplo de interpretación contraria, ya que en general presagian buena suerte y mejoras en nuestros asuntos. Si vemos que otra persona se ahoga, indica que seremos beneficiados por el alejamiento o desaparición de alguien.

Si soñamos que nosotros mismos nos ahogamos, nuestra situación económica se verá favorecida. En otra línea de interpretación, puede indicar también que debemos tomarnos un descanso o hacer una pausa en nuestras preocupaciones.

Si en el sueño intentamos rescatar al ahogado, alude a nuestra relación con alguien de nuestro entorno. Si salvamos al ahogado, alguien nos ayudará; si fracasamos en el intento, puede ser que un ser querido enferme o esté en peligro. Si, por intentar salvarlo, ambos nos ahogamos, significa riesgo de ruptura de una relación importante.

Ahorcado

Soñar que se ve a uno o varios ahorcados indica que tendremos problemas motivados por extraños. Si reconocemos al ahorcado, los problemas serán con esa persona, pero acabarán resolviéndose después de un tiempo.

Si soñamos que somos nosotros los que vamos a ser ahorcados, significa que nos elevaremos material y espiritualmente. Una interpretación medieval indica que esa mejora personal se deberá al matrimonio o a una asociación beneficiosa.

Alfileres (véase *Agujas*)

Aire

Los sueños de aire, al igual que los de agua, permiten múltiples interpretaciones según las circunstancias soñadas y su relación con otros elementos. En general se trata de un sueño favorable, que augura algún tipo de mejora. Puesto que el aire en sí es invisible, en los sueños suele manifestarse como brisas o vientos, a veces coloreados en forma onírica, o como un determinado tipo de cielo.

Si el aire es suave y límpido, o coloreado en tonos muy claros, indica afecto y respeto por parte de los demás, así como seguridad ante cualquier afrenta o mala intención. Si se trata de un aire nebuloso u oscuro, o de un viento tormentoso, augura el reencuentro con alguien o algo perdido y una buena racha en todos los asuntos.

Para una interpretación más completa de los sueños de aire, conviene consultar entradas relacionadas, como *Cielo* o *Viento*, y las que se refieren a otros fenómenos meteorológicos que puedan presentarse en el sueño.

Alas, alados

Soñar que alguien lleva alas significa otorgarle la capacidad y la decisión de ayudarnos. Si lo vemos volar, indica que debemos esforzarnos por alcanzar ese apoyo; si nos lleva en su vuelo, debemos confiar plenamente en esa persona.

Si soñamos que somos nosotros los que llevamos alas, indica un momento muy favorable para emprender la búsqueda de mejoras en nuestra situación.

Alados. Soñar con seres alados, sean angelicales o demoníacos, tiene siempre una interpretación favorable al cumplimiento de nuestros deseos y el beneficio de nuestros asuntos.

Alforjas (véase *Equipaje*)

Altar

Soñar con un altar con todos sus aditamentos indica la proximidad de una boda, ya sea propia o de seres queridos. Si en el altar hay un oficiante y/o personas orando, puede indicar que necesitamos consejo o apoyo en asuntos morales o de conducta. Si somos nosotros los que oramos ante el altar, significa que vendrán tiempos en que nuestros esfuerzos serán recompensados.

Si el altar aparece desnudo, sucio o derruido, señala la proximidad de males y conflictos. Este tipo de sueño también indica que esos problemas podrán ser evitados o superados si pedimos humildemente consejo y ayuda a personas poderosas.

Amamantar, amamantado

Es un sueño lógicamente femenino, pero en la ilógica de los sueños se da a veces también en los hombres. Su interpretación básica es que anuncia mejoras materiales o en los negocios, que se extienden a un presagio de bienestar en general. Si soñamos que amamantamos a una persona conocida, significa que la prosperidad nos vendrá a través de ella.

Amamantado. Si en el sueño somos nosotros los amamantados, significa que conseguiremos algo que buscamos o necesitamos. En la interpretación freudiana es éste un sueño cargado de significados, que aluden a los deseos sexuales reprimidos, la avidez o el egoísmo, según las circunstancias de la persona que sueña.

Amanecer

Presenciar en sueños un amanecer puede presagiar tanto momentos de conflictos y adversidades, como alegrías y buena suerte.

La interpretación moderna tiende a combinar ambos presagios, indicando un período de problemas cuya resolución nos llevará a una situación más plena y feliz.

Debemos entonces esforzarnos al máximo en afrontar con ánimo y lucidez los problemas, para poder disfrutar de esa segunda etapa de plenitud que anuncia el sueño.

Amarillo

Como todo color básico, la interpretación de su presencia en el sueño depende de la situación en que aparece y los objetos o prendas a que va asociado. En principio indica lucidez y vitalidad, virtudes que pueden influir en el significado general del sueño.

Ambulancia

Si en la vigilia oír o ver una ambulancia nos produce cierta angustia o desasosiego, por el contrario soñar con ella significa que nuestra situación mejorará. No obstante, deberemos tomar todas las precauciones y seguridades posibles para que ese progreso no sufra «accidentes».

En otra vertiente de interpretación este sueño significa la pérdida de una herencia o un patrimonio, que puede evitarse también tomando medidas preventivas.

Amigos

Soñar con nuestros amigos, o que estamos con ellos, es un indicio de felicidad y buena fortuna. Sin embargo, este significado puede revertirse si esos amigos se ven desarrapados, enfermos o muertos. Si esa situación es por nuestra causa, nos previene que tendremos problemas con la justicia, la administración u otra institución social. Si soñamos con un solo amigo o amiga, indica que habrá un cambio en nuestra relación con esa persona.

Amor, amoríos

Amar a alguien en sueños indica, por interpretación opuesta, que tendremos dificultades para encontrar el amor o para mantener nuestro amor actual. En la misma línea, el amor no correspondido representa que alguien nos ama con pasión, y el soñar con un amor dichoso augura problemas en nuestra relación amorosa.

Soñar que nos ama alguien que nos disgusta, nos previene de que en el futuro podemos necesitar el apoyo de una amistad, sin saber encontrarla.

Amoríos. Si en sueños aparecemos muy seductores y tenemos muchos «ligues» y amoríos significa, siempre en la línea contraria, que nos sentiremos solos e incapaces de encontrar el amor.

Amputación

Soñar que perdemos o nos falta una parte de nuestro cuerpo tiene una relación directa con esa parte afectada. Por ejemplo, si nos falta un ojo indica que no estamos viendo o juzgando bien algún aspecto de nuestra vida; si hemos perdido un brazo o no tenemos manos representa que hay algo que estamos haciendo mal; y si nos falta una pierna es que no conseguimos avanzar por el camino correcto.

Si el que sueña no está lisiado, sino que ve a una o más personas con miembros amputados, significa que quizá espera demasiado de los demás y debe esforzarse más por sí mismo.

En la interpretación freudiana la amputación se ve casi siempre como temor a la impotencia sexual, en los hombres; y como represión del goce y del orgasmo en las mujeres.

Andamio

Es éste un sueño más frecuente de lo que se cree, en especial cuando se relaciona con una obra en construcción. Si estamos en el andamio de una de estas obras, indica que necesitamos emprender algo, o que deseamos dar fin a lo que hemos emprendido.

Si el andamio está flojo o deteriorado, con riesgo de caernos, indica que esa empresa tendrá dificultades que debemos prever (véase también *Caída*).

Ángeles

Los ángeles y otros seres celestiales anuncian siempre una situación de cambio bastante crucial. En principio ese cambio ha de ser beneficioso, tanto en las cosas materiales como en salud, amor, creatividad y otros asuntos. Pero si soñamos que los ángeles están enfadados o nos dirigen reproches, sugiere que sobrevendrán problemas que debemos prevenir.

Anillos

Los anillos simbolizan tradicionalmente lazos de unión o compromisos permanentes. Si soñamos que perdemos un anillo, significa que tendremos problemas para cumplir una obligación o mantener una promesa. Perder la alianza de boda indica que surgirán problemas conyugales, quizá por nuestra propia actitud, que debemos procurar cambiar. Si colocamos un anillo a otra persona, significa que necesitaremos su ayuda; si es ella quien nos da o nos pone el anillo, está esperando nuestro auxilio, o una mayor atención de nuestra parte.

Animales

Soñar con animales de una manera genérica (en grupo, de varias especies, informes, etc.) alude a nuestras relaciones sentimentales, familiares o amistosas, y al trato con la gente en general. Si nos movemos entre ellos serenamente, indica que todos esos aspectos mejorarán; si nos dirigen gruñidos, nos amenazan o nos atacan, es una advertencia de que alguien puede engañarnos o causarnos algún daño.

Antorcha (véase *Velas*)

Apostar, apuesta

Si en sueños participamos en cualquier tipo de juegos de azar, augura un riesgo de perder bienes o dinero de forma inesperada. Si apostamos en un juego de cartas el peligro proviene de nuestra propia conducta, por lo que debemos extremar las precauciones económicas y financieras. Apostar a la ruleta o un juego similar significa una amenaza del destino, por lo que debemos asegurar nuestros bienes y no emprender ninguna operación nueva.

Apuesta. Soñar que se apuesta algo con otra persona indica que algo cambiará en nuestra relación con ella. Si se trata de un desconocido, indica que una nueva relación modificará algo en nuestra vida.

Arañas

La araña es un animal muy simbólico desde la más remota antigüedad, representando generalmente la sabiduría y la paciencia para atrapar o conseguir algo o a alguien. Soñar con una araña apostada en su tela es un augurio de progreso y buenos resultados en nuestras cosas, siempre que no nos precipitemos o actuemos atropelladamente. Si soñamos que estamos cogidos en la tela y la araña nos ataca, representa que una persona muy próxima pondrá sus intereses por encima de todo en un asunto que nos atañe a ambos.

Árboles

Los árboles que vemos en sueños se relacionan con la protección y la seguridad en los aspectos materiales, como la vivienda, el trabajo, la economía, etc. Si soñamos con un solo árbol, alude a nuestra propia capacidad de protegernos y defendernos en ese sentido.

Varios árboles indican que nuestros familiares y/o amigos nos ofrecerán su protección. Muchos árboles, en forma de bosque, indican que nos sentimos protegidos por el entorno social y laboral en el que vivimos.

Si el árbol o árboles presentan flores o frutos, presagia una nueva relación o situación favorable. Si en sus ramas hay pájaros, predice éxitos y buenos momentos, salvo que se trate de cuervos u otras aves de rapiña, que simbolizan justamente lo contrario. También el augurio pasa a ser negativo si los árboles aparecen secos o deshojados.

Arco iris

Soñar con el arco iris es siempre un buen augurio, ya que este fenómeno aparece al final de las tormentas, anunciando el buen tiempo. Si lo vemos sobre un paisaje montañoso, indica que resolveremos nuestros problemas materiales y económicos; si aparece sobre un prado o llanura, podremos superar nuestros conflictos afectivos; si luce sobre el mar, augura una larga etapa de serenidad y disfrute de la vida.

Cuando en el sueño el arco iris se presenta directamente sobre nosotros, sugiere una interpretación favorable relacionada con nuestras dudas espirituales o de realización personal.

Arena

La arena suele relacionarse con el tiempo y con el infinito. En los sueños puede aparecer de distintas formas, que sugieren diversas interpretaciones. Si aparece en forma de un desierto, indica que tras un prolongado esfuerzo lograremos alcanzar nuestros objetivos. Si vemos una playa, o nos encontramos en ella, las circunstancias nos ayudarán a conseguirlos con menos esfuerzo, pero con algún riesgo que no debemos descuidar.

Armarios

El armario es el lugar donde se guardan las cosas, ya sea para ocultarlas o para usarlas más adelante. Soñar con armarios cerrados significa que ignoramos inconscientemente algunos aspectos de nuestra realidad, que debemos intentar desentrañar. Si el armario está abierto, y se trata de uno de cocina, la cantidad de alimentos que guarde señalará nuestras verdaderas fuerzas para afrontar las vicisitudes de la vida. Si es un armario ropero, su contenido indicará las reservas de que disponemos para afrontar adversidades imprevistas.

Armas

Soñar con armas tiene un claro significado de conflictos o enfrentamientos. Las armas de fuego indican un daño que pueden hacernos a distancia, pero si somos nosotros quienes las empuñamos y disparamos, representa que seremos capaces de prevalecer en un pleito o discusión. Las armas blancas, como espadas o puñales, indican conflictos personales e íntimos, ante los que debemos reaccionar con rapidez y seguridad.

Arrecifes

Los arrecifes o rompientes marinas, así como los rápidos entre piedras, auguran obstáculos e inconvenientes en algo que deseamos alcanzar. Si en el sueño no nos encontramos en el agua, sino sobre las piedras del arrecife, es probable que podamos superar esos problemas si nos empeñamos en ello.

Arroyo

La visión en sueños de un arroyo alude siempre al transcurso de nuestra vida. Si el agua es clara y fluye con serenidad, augura una etapa tranquila y sin problemas. Si por el contrario es oscura y turbulenta, avisa de un momento de inquietudes, para el que debemos prepararnos con firmeza y decisión.

Arroz

Soñar con arroz, ya sea como grano o como plato de comida, indica la posibilidad de alcanzar nuestros deseos, pero después de un prolongado camino de esfuerzos. Si se sueña que se come arroz, es índice de buenas perspectivas económicas, siempre por medio de la dedicación y el sacrificio.

Ascensor

El ascensor es un elemento bastante frecuente en los sueños, pero al ser un artilugio relativamente moderno, no existen interpretaciones tradicionales sobre su significación onírica. Hoy se lo asocia a la escala jerárquica o a la situación económica, en las que puede indicar una situación rápida e inesperada de cambio, favorable si ascendemos y desfavorable si bajamos.

Si soñamos con un ascensor atestado de gente, significa que debemos tener en cuenta la competencia de los demás en nuestras aspiraciones. Si por el contrario estamos solos, indica que alcanzar o no un fin depende de nuestra propia responsabilidad.

En la interpretación freudiana soñar con ascensores se asocia a la claustrofobia o al temor de perder el control de nuestros actos.

Asesinato, asesino

Pese a ser generalmente un sueño desagradable e incluso una pesadilla, soñar que presenciamos un asesinato o que quieren asesinarnos tiene desde la Antigüedad un significado de buen augurio. Refiere en principio a una buena situación material y a una vida larga y feliz, en la que superaremos todos los obstáculos o inconvenientes que puedan presentarse.

Asesino. Si el que sueña es el que asesina a otro, o lo intenta, significa un éxito inmediato y casi milagroso en algún proyecto o negocio que ha emprendido. Pero tiene exactamente ese valor actual; es decir, no vale para un asunto que se inicie a *posteriori* del sueño favorable.

Asfixia

En principio hay que descartar los sueños de asfixia inducidos por una situación orgánica, como una digestión pesada o una dificultad respiratoria. Salvada esta advertencia, soñar que nos asfixiamos o que nos falta el aire predice una situación opuesta. Indica que saldremos de una dificultad o superaremos un problema del que en ocasiones no tenemos total conciencia. Otra vertiente señala la posibilidad de un golpe de suerte o un beneficio inesperado en el terreno económico.

Asilo

Es un tipo de sueño necesariamente ligado a una persecución o acoso que nos obliga a pedir asilo (aunque esta circunstancia previa no aparezca en el sueño). Si obtenemos un refugio seguro, indica que alguien nos ayudará en un problema que venimos sufriendo desde hace tiempo.

Astros

Ver en sueños los astros flotando en el cosmos hace referencia a una gran plenitud espiritual e intelectual. Si nos vemos también a nosotros mismos flotando entre ellos, significa que desarrollaremos el punto más alto de nuestras facultades mentales. Si soñamos con un solo astro, muy brillante, indica que alguien muy sabio o muy poderoso nos brindará su ayuda.

Atar, atado

El acto de atar algo alude a la necesidad de sujetarlo y/o de mantenerlo quieto. Esa misma interpretación se atribuye a los sueños en que nos vemos atando objetos, animales o incluso personas. Si se trata de objetos de cualquier índole a los que amarramos o atamos en un paquete, indica que conseguiremos ordenar y mejorar nuestros asuntos económicos y materiales. Si se trata de animales, puede indicar que debemos dominar nuestros impulsos instintivos. Si amarramos a alguien, señala que tememos la competencia o la agresión por parte de esa persona.

Atado. Si quien sueña está siendo atado o aparece ya amarrado en el sueño, representa que se siente impotente ante algún asunto, y que deberá cambiar la actitud que viene sosteniendo en ese tema.

Atardecer (véase *Crepúsculo*)

Atasco, atascado

El encontrarse en un atasco de carretera es un sueño que se da con frecuencia, quizá porque también es corriente en la vida real. Se trata sin duda de un sueño con significado de agobio y de encierro, que anuncia problemas que nos harán sentir impotentes para encontrar una salida. Pero como en los atascos reales, finalmente y poco a poco iremos avanzando hacia nuestro objetivo. Subsidiariamente, este sueño aconseja ser paciente y prudente en el camino de la vida.

Atascado. Soñar con una tubería o desagüe atascado, es curiosamente indicación de abundancia y felicidad. Si el atasco produce que el agua u otro líquido rebalse el recipiente, este significado se refuerza y se extiende a la buena salud y a las relaciones sentimentales.

Ataúd

Ver en sueños un ataúd o féretro mortuorio no se relaciona directamente con la muerte, pero sí con problemas o sorpresas desagradables. Si vemos dentro de la caja a alguien que conocemos, anuncia que esa persona sufrirá una enfermedad o un quebranto importante dentro de los doce meses siguientes al sueño. Si quien está dentro es un desconocido, augura un accidente o catástrofe de tipo general en ese mismo período.

Aterrizaje

Soñar con un aterrizaje, de cualquier tipo, indica que alguien los aconsejará o ayudará para dar fin a un problema importante y poder recuperar la estabilidad y la calma. Si el aterrizaje es suave y sin sobresaltos, representa que debemos confiar totalmente en esa persona. Si presenta dificultades o la nave da trompicones, indica que tendremos su ayuda, pero deberemos también participar nosotros activamente en la solución del asunto.

Para un sueño de aterrizaje forzado o accidentado, véase *Accidente*.

Automóvil

Los automóviles intervienen en los sueños como símbolos de los recorridos y caminos que esperan al propio soñador. Soñar que se conduce el propio coche con tranquilidad y a buen ritmo augura una época tranquila y sin sobresaltos. Si por el contrario el camino es sinuoso y con el firme deteriorado, nos esperan tiempos difíciles que deberemos afrontar con atención y cuidado.

Si es el automóvil el que presenta problemas mecánicos o desperfectos en la carrocería o la pintura, significa que nosotros mismos, en buena medida, somos la causa de los problemas que sobrevendrán. Si no recordamos dónde hemos dejado el automóvil, o nos lo han robado, indica que debemos prestar más y mejor atención a nuestros asuntos. Si soñamos que nos quedamos sin combustible, es un aviso a nuestra imprevisión y actos irreflexivos.

Autopsia

No es un sueño muy frecuente, pero sí muy significativo. Si presenciamos o practicamos la autopsia de alguien que conocemos, significa que esa persona nos interesa más de lo que creemos, y debemos profundizar en la relación. Si se trata de un desconocido, indica que debemos poner más interés en nuestras relaciones y nuestra conducta social en general. Si soñamos que estamos muertos y nos practican una autopsia, augura una buena época en todas nuestras cosas, porque conseguiremos conocernos mejor a nosotros mismos y orientar nuestras energías.

Autoridad

Soñar que se tiene problemas con la autoridad, en cualquiera de sus formas (policía, jueces, funcionarios, etc.), significa que estamos perdiendo el dominio sobre nosotros mismos y en la relación con los demás.

Si, por el contrario, los agentes de la autoridad nos tratan bien, o incluso nos protegen, indica que estaremos investidos de autoridad para ordenar nuestra vida y la de nuestro entorno.

Averías

Los sueños con averías se producen con frecuencia en los testimonios de temas oníricos, y están ligados a nuestra relación con el mundo que nos rodea. Debemos distinguir entre averías pasivas (aparatos o sistemas que no funcionan) y averías activas e incluso peligrosas, como una rotura de tubería que amenaza con inundarnos, o un aparato eléctrico que transmite corriente.

Las averías pasivas indican que nos sentimos abandonados o ignorados por los demás, dependiendo del contexto del sueño. El tema de que «nada funciona» puede encubrir también nuestras propias carencias o debilidades, cuyas consecuencias achacamos al entorno.

Las averías activas tienen un significado más personal, advirtiendo sobre algo en nosotros que está a punto de explotar. La aparatosidad y peligrosidad de la avería soñada indica el grado de urgencia y gravedad de nuestro problema. Por supuesto habrá que acudir inmediatamente a un «fontanero», que puede ser un médico, un psicólogo o un buen amigo, según el caso.

Aviones

Resulta obvio que los vuelos en avión representan un rápido cambio de situación. Pero mientras llega ese cambio estamos en el aire, y en manos de otra persona (el piloto), sin que nuestra voluntad pueda modificar el rumbo ni intervenir en el buen fin del viaje.

Soñar que viajamos en un avión es en principio un anuncio de cambio favorable, que nos elevará sobre los demás gracias a terceros o a un golpe de suerte. Cuanto más relajados viajemos, más agradable será el cambio. Pero si soñamos que hay turbulencias o el avión tiene problemas, eso mismo podrá ocurrir en nuestro futuro inmediato, sin que personalmente podamos hacer nada para evitarlo. La solución puede ser confiar en la eficacia de un buen «piloto».

Si en el sueño vemos uno o más aviones volando, pero nosotros permanecemos en tierra, nos advierte que de momento es mejor no emprender cambios y sí consolidar las mejores partes de nuestra situación actual.

Avispas (véase *Abejas*)

Azul

Es raro soñar sólo con un color, pero es frecuente que algunos sueños estén teñidos de una tonalidad dominante. En el caso del azul, se trata de un color de un espectro muy amplio, que va del azul celeste hasta el índigo muy oscuro, y eso marca sus diversos significados. En cualquier caso, el azul es un color frío, que se relaciona con lo mental, lo espiritual, lo intelectual y lo cósmico.

Los sueños teñidos de azules muy claros indican una inquietud o búsqueda de tipo místico o religioso. Los azules intermedios favorecen la creatividad, el estudio y la inteligencia aplicada a cosas concretas. Los muy oscuros, sobre todo si tienden al violeta, anuncian poderes o acontecimientos relacionados con aspectos sobrenaturales o de naturaleza astral.

Babel

Soñar con la Torre de Babel, o con un lugar semejante, significa un estado de gran confusión personal. Es un momento en el que necesitamos clarificar nuestra vida y plantearnos cuáles son nuestros objetivos vitales.

Bagaje, equipaje

Es frecuente soñar que perdemos el equipaje o que tenemos problemas con él, por ejemplo que sube en un tren o un avión y nosotros vamos en otro.

En los sueños el equipaje representa nuestras vestiduras, lo que nos colocamos para cubrir nuestro verdadero «yo». Si soñamos que lo perdemos o extraviamos significa que nos estamos despojando de las vestiduras, es decir, que nos mostramos tal cual somos, sin tapujos. Si soñamos que cambiamos nuestro bagaje con otra persona, significa que estamos cambiando nuestra manera de ver las cosas y de pensar, que estamos en un momento de transición.

Baile

Soñar que se está en medio de una fiesta o baile, participando de él y bailando, es un buen presagio, significa alegría y bienestar; y también que pronto se recibirán noticias o alguna visita de un ser querido.

En cambio, si se sueña que se está en un baile, pero algo apartado, sin bailar ni participar de la alegría sino mirando cómo los otros bailan y se divierten, significa que tenemos que adaptarnos a una nueva situación vital y cambiar nuestra actitud. Hay que bailar al nuevo son y adaptarse como todo el mundo.

Balanzas

Las balanzas siempre representan la justicia. Pueden representar una necesidad de equilibrio en los juicios personales, tanto en el amor como en la amistad. Una balanza desequilibrada, sin embargo, representa una necesidad de justicia o compensación.

Balcón

Soñar con un balcón es un signo de reconocimiento. Si estamos solos asomados a ese balcón, significa que obtendremos un reconocimiento profesional; si estamos acompañados es porque nuestra situación mejorará notablemente.

Ballena

Es frecuente soñar con ballenas y es un signo de angustia o preocupación. La ballena es un símbolo materno que indica una necesidad de protección y de sentirse seguro, lo que indica un momento de inseguridad personal.

Si se sueña que se es engullido por la ballena como en el caso de Jonás, representa que anteriormente es necesario que hayamos caído al agua, lo que significa el reconocimiento de un fracaso. Soñar que somos expulsados de la ballena es un símbolo de resurrección y renacimiento personal. El buen fin de esta nueva fase vital que emprendemos dependerá de nuestra actitud; en este caso también se puede ser activo o pasivo.

Balneario

Soñar con un balneario puede tener un significado físico o mental. En el caso de significado físico representa una necesidad de reposo y tranquilidad, incluso puede llegar a simbolizar que algún órgano está dañado o que tendremos algún malestar o enfermedad en un futuro próximo.

En el caso mental significa una necesidad de paz, reflexión y tranquilidad para aclarar las ideas, tanto en el terreno sentimental, como en el de nuestra realización personal.

Banca

La banca es el lugar donde guardamos nuestro dinero para que esté protegido y a resguardo. El dinero es necesario para vivir y en los sueños simboliza nuestra creatividad, nuestras energías y nuestras fuerzas para el futuro. La interpretación del sueño depende de nuestra actitud y de lo que hagamos en el banco. Si hemos ido a sacar dinero y no nos lo quieren dar, o si pedimos un préstamo y nos lo niegan, significa que hemos agotado nuestra energía, nos encontramos sin recursos y nuestra situación es comprometida.

En cambio, si vamos al banco a sacar dinero y nos entregan más de lo esperado, o nos dan algún tipo de premio o compensación, simboliza que tenemos energías de sobra para emprender algo nuevo o para seguir esforzándonos en nuestra vida diaria.

Si en alguna ocasión acude al banco para ingresar dinero o algún objeto de valor es porque necesitamos sentirnos seguros; el hecho de reservar fuerzas es porque creemos que más adelante las necesitaremos, lo que representa un momento de cierta incertidumbre.

Banco

En los sueños los bancos representan una necesidad de sentarse a tomar un respiro y meditar; sobre todo si hemos recibido algún tipo de propuesta, no debemos apresurarnos ni precipitarnos en nuestra decisión, hay que valorar los pros y contras y tener en cuenta también nuestro deseo personal de acceder o no a esa proposición.

Bandera

Si aparece una bandera en los sueños es una señal de triunfo y felicidad. La bandera es un símbolo que se utiliza para agrupar ejércitos, lo que significa que utilizaremos toda nuestra fuerza y energía para conseguir lo que deseamos; por lo tanto también es un signo de poder.

Este significado varía si la bandera aparece rota o a media asta, lo que es un claro signo de derrota y demuestra un sentimiento de fracaso y falta de fuerzas.

Banderillero

El ritual del toreo es muy simbólico, y está lleno de interpretaciones y simbolismos. Dentro del mundo de los sueños se toma como una batalla entre el hombre y la bestia, que representan la parte racional y la inconsciente del ser humano. Así, siempre que soñemos con imágenes relacionadas con el toreo, estamos reflejando una tensión entre nuestro inconsciente y nuestro lado más racional.

Si en sueños se nos aparece concretamente la figura del banderillero, significa que estamos en un punto clave en el enfrentamiento, un momento en que nuestra parte racional está a punto de vencer al lado irracional y debe jugar correctamente sus cartas para no salir mal parada o resultar herida. Debe intervenir el banderillero, es decir, una ayuda extra a nuestra racionalidad. Se trata de que en este período seamos más críticos, racionales, analicemos más las cosas, es decir, hacer un esfuerzo extra por nuestra racionalidad.

Bandido

Los bandidos son personajes fuera de la ley, que en los sueños representan el mundo fuera de la realidad y el orden, es decir, son una metáfora de nuestro propio inconsciente. Si soñamos con bandidos que actúan es una señal de que hay algo en nuestro inconsciente que nos preocupa y que debemos intentar aclararlo y poner orden, para que esto no nos afecte en nuestra vida diaria.

Banquete

En contra de lo que pueda parecer, los sueños con banquetes tienen un significado más espiritual que físico. No se refieren a nuestra necesidad física de comer, sino más bien a una cierta hambre espiritual. En los banquetes lo más común es que la comida se sirva a varios comensales, lo que significa compartir. En los sueños los banquetes representan una necesidad de compartir las dudas interiores o espirituales, de hablar y conversar sobre los temas que nos interesan o nos preocupan.

Baño

Es frecuente soñar que nos bañamos, y esto produce una sensación placentera. El baño en general está relacionado con un cambio interior, un deseo de tomar un nuevo rumbo y cambiar algunas de nuestras actitudes o nuestro carácter. Si soñamos que nos bañamos en aguas cristalinas, es un signo de purificación, de limpieza interior. En cambio, si soñamos que el agua está sucia, es señal de que nos hemos equivocado de camino. El cambio de rumbo que hemos iniciado es erróneo y debemos desviar nuestra atención hacia otra parte o nuestro error cada vez será mayor. Este sueño debe tomarse como una advertencia, y se debe reflexionar seriamente para poder encontrar la solución con rapidez.

Baraja

Soñar con una baraja o que se juega a los naipes es un claro signo de la acción del destino: «La suerte está echada». Las cartas de la baraja española tienen una gran similitud con las del tarot, que se utilizan para adivinar el porvenir. Si se conoce el significado de las cartas, el sueño nos puede revelar cuál será nuestro futuro. Si no se sabe su significado, hay que tener en cuenta que el destino y la suerte participan en nuestra vida, y que no hay que oponerse ni luchar contra ellos.

Barba

La barba es un rasgo que a lo largo de la historia ha caracterizado a las personas sabias y creativas. En la antigua Grecia el mentón era un signo de voluntad; los griegos se lo acariciaban cuando querían que la voluntad de los dioses les fuera favorable. La barba oculta el mentón, lo que significa que la imaginación y la creatividad operan por encima de la voluntad. Soñar con personajes barbudos o con barbas solas es un signo de una necesidad de dejarse llevar por la imaginación y el lado creativo.

Barco

Si soñamos que estamos viajando en un barco, es un símbolo de nuestra vida. El barco representa el alma o la conciencia viajando en el mar de la inconsciencia. Este sueño suele significar que debemos tomar una parte más activa en nuestra vida y no dejarnos llevar por el inconsciente; un barco se gobierna y se guía, y eso es lo que debemos hacer con nuestra propia vida para conseguir lo que deseamos y alcanzar la felicidad. En cambio, si soñamos que estamos en tierra y vemos un barco que se acerca, el significado del sueño es totalmente distinto; en este caso el barco representa las noticias o novedades que nos van a llegar pronto.

Barraca

Los sueños en los que aparecen casas o moradas de las que vemos reflejado su interior hacen referencia a nuestro yo profundo y nuestra vida interior. Está claro que una barraca es una morada muy pobre y es un aviso de que nuestra vida interior es pobre. Debemos hacer una autorreflexión y dedicar más tiempo a nosotros mismos, a enriquecernos interiormente. Esto se puede conseguir haciendo meditación, reflexión, análisis, y pensando en nuestros deseos y nuestra forma de vida.

Barrera

Es muy común soñar que corremos o que tenemos que llegar a algún sitio y una barrera nos lo impide. Generalmente este tipo de sueños nos produce mucha angustia y nos preocupa. Su significado es que algo en nuestro inconsciente nos impide llegar allá donde queremos, y debemos plantearnos qué es lo que nos lo impide y cuáles son las contrapartidas de aquello que queremos alcanzar. También puede ser que busquemos algo equivocado, y por eso el inconsciente nos impide alcanzarlo.

La naturaleza de la barrera en el sueño nos dará indicios sobre cuál es la naturaleza real de la barrera en el inconsciente.

Barro

Soñar con barro puede tener distintos significados según el tipo de barro que aparezca en nuestro sueño.

Si aparece el barro que se usa para modelar figuras, o sea la arcilla, tiene un significado de creatividad e imaginación. Tanto si en el sueño aparece alguna persona modelando el barro, o si sólo aparecen las figuras acabadas o no, hace referencia a nuestra faceta creativa y significa que seremos capaces de llevar a buen fin nuestros proyectos. Si la figura aparece incompleta es porque todavía falta algún tiempo para conseguir lo que queremos, pero hay que tener en cuenta que el barro representa el éxito en la realización de nuestros proyectos.

En cambio, si soñamos con el barro líquido que se forma en el suelo, o que cae con la lluvia y sólo mancha, su significado es totalmente distinto. Este tipo de barro representa los instintos más primarios y egoístas. Si en nuestros sueños aparece este fango es porque en alguna faceta de nuestra vida nos estamos comportando de forma amoral y dejándonos llevar por las bajas pasiones.

Bastón

El bastón es un objeto que ayuda a sostener algo que de otra forma se caería. Soñar con un bastón, que se está buscando uno, que se ve a una persona con él, o que lo necesitamos para caminar, es signo de que algo en nuestra vida necesita una ayuda para sostenerse. En ese caso hay que buscar qué faceta de nuestra realidad en ese momento necesita de un apoyo o sostén y renunciar a ella. Hay que tener claro que las partes de nuestra vida deben tener la suficiente fuerza y energía para mantenerse por sí solas; si necesitan de la ayuda de un bastón es porque tarde o temprano se caerán y es mejor darse cuenta a tiempo y saber renunciar.

Basura

En el mundo de los sueños y en el esoterismo se asimila la idea de basura y de excrementos con el dinero. Esta asimilación se hace a través de un proceso de comparar el trabajo con los alimentos; así, de la misma manera que los excrementos y la basura son el resultado que queda después de aprovechar al máximo los alimentos, el dinero es lo que queda después del esfuerzo y la experiencia del trabajo. Porque lo más válido de nuestro trabajo es el aprendizaje y la propia satisfacción de sentirnos realizados como ser humano, el dinero es algo accesorio.

Batalla

Las batallas siempre representan conflictos. En este caso se trata de nuestro inconsciente, del mundo de los sueños. Si soñamos con batallas es debido a que existe un conflicto en nuestro interior entre nuestro lado más primario e instintivo, que sólo busca satisfacer sus deseos, y nuestro lado más racional y represivo, el «superyó», que desea reprimir los deseos primarios.

El sueño nos indica, pues, que estamos en un momento de cambio interior, y que debemos intentar equilibrar las dos fuerzas para no sentirnos demasiado condicionados por nuestro propio inconsciente.

Baúl

Este objeto puede tener distintos significados según la actitud que provoque en el sueño. Anteriormente los baúles se utilizaban para guardar la ropa, como una extensión del armario. Allí se solían guardar las ropas de vestir que se usaban en contadas ocasiones, que eran de buena calidad y tenían valor.

Sin embargo, hoy en día los baúles son menos comunes y generalmente se relacionan con los recuerdos y las antigüedades, ambas cosas con poco valor material en nuestra vida diaria.

Bautismo

El agua es el elemento que en el mundo de los sueños representa nuestros sentimientos y nuestra vida emocional, por eso los sueños donde aparece la imagen de un bautismo están relacionados con nuestros afectos y emociones.

Si soñamos que asistimos a un bautizo de un recién nacido o un niño pequeño, es porque en nuestro interior está naciendo un nuevo sentimiento o emoción. Puede ser la llegada de un nuevo amor, o una relación o amistad.

Si soñamos que nosotros mismos somos los bautizados, entonces los sentimientos hacen referencia a nuestro propio yo, somos nosotros los que estamos cambiando nuestras emociones y nuestra estima, probablemente cambiemos nuestra manera de percibirnos y seamos menos críticos y más tolerantes con nuestros errores y defectos.

Bebé

La presencia de bebés en los sueños siempre es una buena señal y un signo de satisfacción. Los bebés siempre llevan la alegría al hogar, sobre todo si son sanos y hermosos. Si nos soñamos a nosotros mismos convertidos en bebés, es un signo de que nos sentimos protegidos y bien cuidados, rodeados de amor.

Beber

Soñar que bebemos vino en un lugar donde hay alegría, o en una celebración, es un presagio de que se acercan buenos tiempos. Si además bebemos en un vaso de oro o de plata es signo de bonanza económica.

Si lo que bebemos es agua, es un signo de purificación y limpieza espiritual, además de representar la salud física.

Besar

Este acto en sueños tiene un significado distinto según quién sea la persona a la que besamos.

Si besamos a nuestra pareja es un presagio de buenos tiempos y prosperidad. Si besamos a una persona del sexo contrario que no es nuestra pareja, es una señal de futuras infidelidades. Si besamos a alguien de nuestra familia o a un amigo íntimo, es señal de que pronto nos despediremos de un ser querido que se marcha.

Bibliotecas (véase *Libros*)

Bicicletas

Se trata de un medio de transporte, y los sueños relacionados con el transporte siempre hacen referencia a nuestro propio camino, nuestro transcurrir por la vida. En este caso se trata de un medio movido por nuestra propia energía, avanzamos gracias a la fuerza de las piernas, esto significa que pasaremos por un momento de total autonomía, en el que sólo podremos contar con nuestras propias fuerzas, ya que los que nos rodean no se encuentran en situación de ayudarnos.

Bigote

El bigote es un elemento que tapa la boca, que la oculta, por eso en los sueños representa la falsedad y la falta de sinceridad. Si soñamos con personas conocidas que llevan bigote, es una advertencia de que esa persona nos está engañando y que debemos sospechar y estar atentos. Si somos nosotros mismo quienes llevamos el bigote es porque no estamos siendo del todo sinceros y debemos analizar nuestros sentimientos.

Billar

En este juego la habilidad radica en hacer carambolas, que es una de las expresiones utilizadas para designar algo donde interviene la suerte; por tanto, los sueños donde nos vemos jugando al billar con habilidad y haciendo buenas carambolas significan que la suerte estará de nuestra parte y conseguiremos ayudas o apoyos extras.

Billetes

En la vida real existen varios tipos de billetes y se puede soñar con todos ellos, desde el dinero en billetes, hasta los billetes para viajar en tren, autobús o avión, y las entradas para espectáculos.

Es frecuente que en los sueños los billetes sean conflictivos y generen problemas, ya sea porque los perdemos, nos los olvidamos, nos equivocamos de billete o son falsos. Dada su gran relevancia en la vida cotidiana, los billetes representan la realidad, y los problemas con los billetes nuestros conflictos con la realidad. Puede ser que nuestra realidad no responda a nuestras expectativas o a nuestra capacidad, o, en el caso contrario, que estemos viviendo por encima de nuestras posibilidades. Todo esto refleja una falta de ajuste y acomodación entre nuestras propias capacidades o posibilidades y nuestro ritmo de vida personal y profesional.

Bisonte

En el mundo de los sueños este tipo de animales salvajes representa nuestros instintos y nuestras pasiones más básicas, sin manipular ni procesar de una manera consciente. Si en el sueño nos complacemos con la visión del bisonte es porque nos identificamos con él y nos dejamos arrastrar por nuestros instintos, sin ponerles ningún tipo de control. En cambio si nos soñamos cazando el bisonte o en un safari, es porque queremos dar fin a esas pasiones y controlar nuestros instintos con la racionalidad.

Bisturí

Se trata de un objeto cortante, y por tanto representa la violencia y la agresividad, pero en este caso es algo que se utiliza para hacer el bien, para curar. También es un objeto de uso médico, lo que significa necesidad de curarse, o enfermedad.

Los sueños donde aparecen bisturíes significan que un problema o una situación en nuestra vida necesita de una actuación drástica y rápida, como una operación en el caso de la enfermedad.

Blindado

Soñar que viajamos en un vehículo blindado tiene una doble interpretación. Por una parte se trata de una sensación de peligro inminente que nos hace desear estar refugiados en un lugar protegido, como un vehículo blindado, que es prácticamente infranqueable. Pero por otro lado puede significar que estamos totalmente aislados y cerrados al exterior, encerrados en un lugar blindado para que nadie se pueda acercar a nosotros.

Boca

En los sueños la boca representa el mundo del corazón y de los sentimientos. Por eso cuando aparezca una boca en nuestros sueños lo debemos relacionar con nuestros sentimientos y las relaciones personales. Por ejemplo, una boca que sangra o que está enferma representa problemas sentimentales y conflictos personales.

Boda

Soñar con bodas representa una necesidad de unir dos partes distintas de nuestra personalidad, como la creatividad con la voluntad, o la perseverancia con la imaginación. Es una necesidad interior de pactar, de encontrar un centro estable y equilibrado, sin excesos ni extremismos.

Bodega

Dentro de las partes del interior de una casa, la bodega y el sótano representan las partes más bajas. La casa es una representación de nuestra propia persona y sus áreas y habitaciones son las partes o características de nuestra personalidad. Así la bodega representa nuestras pasiones más bajas e instintivas, nuestro lado irracional. Por eso soñar con la bodega indica una preocupación por nuestros instintos, una inquietud por lo que pueda suceder.

Bofetada

Al revés de lo que parece a simple vista, si soñamos que damos una bofetada es un signo de que seremos víctimas de una injusticia; y si soñamos que la recibimos, es porque nosotros causaremos ese trato injusto a otra persona, lo que a la larga nos resultará perjudicial.

Bolso

El bolso es el lugar donde se guardan las cosas necesarias para salir a la calle. En los sueños el bolso representa el lugar donde guardamos nuestros pequeños secretos, aquello que no queremos decir a nadie, o que sólo queremos compartir con nuestras personas más allegadas. Así, un bolso lleno representa nuestras intimidades; si aparece abierto o cerrado, representa nuestra capacidad para preservar nuestra intimidad de los chismes y cotilleos.

Bombero

Soñar que vemos a alguien apagando un fuego es signo de que veremos frustradas nuestras expectativas. Algún proyecto que estemos planeando no llegará a realizarse. Debemos fijarnos bien en nuestra actitud en el sueño y lo que llevamos o tenemos, para saber a qué proyecto o idea hace referencia este sueño.

Bombón

Los bombones representan las pequeñas alegrías o dulzuras que nos pueden mejorar el día. En algunas ocasiones su significado es ése, una buena noticia o un acontecimiento esperado; un momento de felicidad y alegría.

Borroso

Los sueños en los que los objetos no aparecen claros sino que están borrosos es porque son emociones o ideas que todavía no se han perfilado. Por eso el significado y la interpretación de estos sueños no son tan válidos porque se trata de imágenes confusas.

Bosque

El bosque es una representación de nuestro inconsciente, donde aparecen nuestras angustias, miedos, obsesiones, pasiones y deseos. Por eso la interpretación de este sueño depende de nuestra actitud en el bosque.

Puede ser que nos encontremos perdidos en el bosque y éste nos resulte peligroso y amenazador. Esto significa que en nuestro inconsciente tenemos conflictos y temores aún no resueltos que nos están afectando más de lo que creemos.

En cambio, si estamos paseando por un bosque agradable y tranquilo es porque hemos logrado un equilibrio y estamos relajados.

Bote

En los sueños el mar representa nuestro inconsciente y las emociones y pasiones que habitan en él. Si nos soñamos en un bote, se trata de una embarcación muy frágil, de modo que estamos inseguros en medio del mar. Significa un temor a dejarnos arrastrar por las pasiones y las emociones, nos sentimos perdidos en un mar de sentimientos arrebatados.

Botellas

La interpretación de las botellas en los sueños depende de su contenido. Las botellas llenas de líquidos transparentes presagian buenas noticias; en cambio, si el líquido es turbio es señal de que algo desagradable le va a suceder a una persona querida. Las botellas vacías son un signo de molestias o enfermedades y las botellas rotas reflejan futuras peleas o discusiones.

Brazalete

Es un elemento muy relacionado con los brazos. Los brazaletes y pulseras tienen el mismo significado que los anillos: representan la unión y la dependencia respecto a otra persona. Cuanto más grandes o más numerosos sean, mayor será nuestra dependencia.

Brazos

Los brazos representan nuestra fuerza y capacidad, ya que es nuestra principal herramienta de trabajo. También es un símbolo de la amistad y la familia por su relación directa con los abrazos, un claro signo de afecto.

Ver a una persona con brazos fuertes significa que seremos bien acogidos y bien tratados por nuestra familia o allá donde vayamos. Si vemos a alguien con los brazos delgados es signo de que su acogida será más bien fría y distante.

Brujas, brujos

Estos personajes de ficción están muy relacionados con el mundo de la magia y la fantasía. En los sueños representan nuestros deseos más básicos e irracionales, y nuestra ansiedad por conseguirlos a cualquier precio.

Bruma

La bruma es una advertencia. Si soñamos con paisajes brumosos debemos ser muy prudentes en nuestras decisiones y estar atentos a no cometer ningún error.

Buey

Este animal representa la pasividad y la rutina; si se aparece en nuestros sueños es porque nos vemos amenazados por ellas. Hemos caído en un círculo donde la rutina nos hace ser pasivos, y nuestra pasividad nos provoca rutina. Debemos salir de esta situación y buscar alicientes y energías que nos hagan recuperar la ilusión y ser más activos y eficientes.

Buhardilla

Es la parte más alta de la casa, por lo que representa la sección alta de nuestra personalidad, es decir, la racionalidad y la conciencia. Todos los sueños que sucedan en una buhardilla estarán relacionados con nuestro lado más racional. Si vemos una buhardilla sucia, llena de objetos viejos y desordenados que no tienen utilidad, significa que debemos ordenar nuestras ideas, aclararnos y desechar las que no son válidas.

Búho, lechuza

El búho y la lechuza son aves nocturnas que representan las fuerzas de la noche. En los sueños son signos de que alguien intenta perjudicarnos o habla mal de nosotros. Si matamos al búho es señal de que no conseguirán perjudicarnos con sus habladurías; en cambio, si vemos cómo alguien mata al búho o la lechuza, somos nosotros los que debemos vigilar nuestras palabras y ser precavidos en nuestros comentarios.

Oír el grito de la lechuza o el búho es de mal agüero y señal de que tendremos malas noticias o problemas de salud.

También existe otra interpretación, ya que los búhos también han sido usados en la historia como un símbolo de sabiduría y conocimiento. Si nuestra actitud hacia el búho es amistosa y lo acariciamos o nos gusta verlo, es porque tenemos una necesidad de aprendizaje y estudio.

Buscar

Si soñamos que buscamos algo es presagio de que tendremos problemas o dificultades, pero que serán fácilmente superadas. Si buscamos a una persona demuestra nuestra añoranza hacia esa persona o nuestra inquietud por ella.

Cabalgar

Son frecuentes los sueños en los que nos vemos cabalgando, y su significado puede ser muy variado, aunque generalmente este tipo de sueños están relacionados con nuestra sexualidad. Así, si nos vemos galopando libremente sobre un hermoso corcel es signo de que deseamos una sexualidad activa, con imaginación y pasión. Si se nos desboca el caballo es señal de que no seremos capaces de controlar nuestros instintos y deseos sexuales.

Caballos, caballerizas

Los caballos están cada vez menos presentes en nuestra vida cotidiana, pero siguen estando presentes en nuestra imaginación y mantienen su gran simbolismo. Un caballo en nuestros sueños puede tener distintos significados según lo que esté haciendo, en qué lugar y cómo sea el caballo.

Por ejemplo, un caballo blanco es de buen augurio, signo de que vendrán buenas noticias; uno negro, son malas noticias; gris, obstáculos; bayo, dignidad y honores, etc.

Soñar que montamos a caballo es signo de prosperidad y éxito, soñar que lo vendemos es señal de que perderemos bienes o amistades. Ver herrar un caballo es porque nos debemos preparar para un viaje, etc.

Las caballerizas en nuestros sueños representan las riquezas y bienes materiales; si están llenas es señal de prosperidad, y si están vacías presagian penurias.

Cabaña

Las cabañas que aparecen en nuestros sueños pueden tener distintas interpretaciones. Por una parte las construcciones de cabañas representan un estancamiento y anclaje, el miedo a avanzar y asumir responsabilidades y a afrontar los problemas de la vida. Este sueño toma este significado sobre todo en las épocas de transición, cuando tenemos que tomar una decisión importante, o ante una edad que marca un cambio entre la niñez y la juventud, o entre la vida adulta y la vejez, etc.

El otro significado que puede tomar la cabaña es signo de tranquilidad, felicidad y alegría. Significa una acomodación a nuestra situación vital y un disfrute de ese momento.

Cabellos

Los cabellos tienen una gran simbología en los sueños. Representan nuestra fuerza y energía, tanto espiritual como física. Como en el caso de Sansón, la fuerza está en los cabellos. Por eso, si soñamos que nos cortan el cabello, o que se nos cae, es señal de pérdidas materiales y de amistades. Soñar que nos quedamos totalmente calvos es signo de grandes pérdidas, incluso la ruina. En cambio, si soñamos que nos crece el pelo, o que lo tenemos muy abundante, es señal de futuras riquezas y prosperidad.

Cabeza

La cabeza simboliza la inteligencia y la imaginación. Son comunes los sueños en los que nos cortan la cabeza o nos vemos decapitados o heridos. Estos sueños son de buen augurio, aunque nos dejen un mal sabor de boca o nos angustie semejante visión de nuestro cuerpo. La separación entre la cabeza y el cuerpo representa el abandono de la situación actual por una mejor. Es decir, que alcanzaremos lo que deseamos y que tendremos éxito. Puede hacer referencia a nuestra situación económica, o a nuestra vida personal, así como a la salud, la libertad o la aflicción.

Cabra, cabrito, macho cabrío

Este animal tiene distintos significados según qué tipo de cabra aparezca en nuestro sueño. Si soñamos con cabras salvajes es signo de libertad, agilidad y movilidad. Soñar con cabras domésticas es señal de buena fortuna. El aspecto de las cabras también es importante, ya que si son hermosas y bien cuidadas es signo de grandes riquezas; y soñar con cabras negras no es tan buena señal como soñar con blancas. Si una mujer sueña con un cabrito, es señal de próximo embarazo. Si ya está embarazada es augurio de que el parto irá bien y el niño será sano. El macho cabrío en los sueños representa nuestra sexualidad, y en algunos casos puede significar relaciones deshonestas o exceso de lujuria.

Cadáver

Un cadáver es una vida que se acaba, por eso su significado en los sueños es de presagiar un final. Puede tratarse de algún proyecto o negocio, de una amistad o de una pasión o amor. Debemos analizar qué es lo que nos preocupa en ese momento para relacionar el sueño con su significado.

Cadena

La cadena simboliza el paso del tiempo y la relación entre los acontecimientos de nuestra vida. Representa las relaciones causa-efecto entre los hechos del pasado, el presente y el futuro; con todo, lo que hemos hecho repercute en nuestro presente y lo que hacemos ahora influirá en nuestro futuro.

Soñar con cadenas o que estamos encadenados significa un deseo de subsanar hechos del pasado o un aviso de que nos estamos equivocando en nuestra manera de actuar en el presente.

Soñar que rompemos una cadena es buena señal, ya que indica el final de problemas o desgracias y el inicio de una época mejor.

Caer, caída

Este tipo de sensaciones en el sueño es muy frecuente. Es común soñar que nos caemos o despertarnos de golpe por la impresión de vértigo causada por una caída.

La caída es signo de inseguridad. El ambiente o el resto del sueño nos puede dar la clave sobre qué es lo que nos causa este temor, si el trabajo o la vida profesional, nuestras relaciones, la familia, el futuro, etc. Esta inseguridad representa algún tipo de conflicto con la realidad, estamos en una situación molesta que pronto se verá desequilibrada y de la que saldremos mal parados.

Si la caída es desde un muro o desde un árbol, los problemas que tendremos serán de tipo más grave, y no podremos solucionarlos tan fácilmente. Si caemos en un abismo, un precipicio o un pozo significa que nuestros conflictos son internos. La causa de nuestra inseguridad no está en el exterior sino en nuestro propio yo, en nuestros temores inconscientes.

Café

Ver beber café en sueños es un buen augurio. Significa un próximo éxito, sobre todo en los casos de exámenes, pruebas u oposiciones. En cambio, si vemos que el café se derrama su significado es negativo.

Caja, cajón

En general, el significado en los sueños de las cajas y de todos los objetos que sirven para guardar cosas es el de predecir riquezas o penurias, según si están llenos o vacíos. En el caso de los cajones sus previsiones son en un plazo breve y bastante corto, con riquezas o penurias muy puntuales. En el caso de las cajas su significado no es solamente material, sino que puede interpretarse de distintas maneras según la materia de la que esté hecha la caja.

Así, una caja de metal significa riquezas económicas, una caja de madera es prosperidad en un próximo viaje, una caja de colores representa una sorpresa que será agradable o no según si está llena o vacía. Si la caja está cerrada y no vemos su contenido, el significado de los elementos se mantiene pero sin saber si es un buen presagio o number

Calendario

Éste es un instrumento para organizar nuestro tiempo y poder aprovecharlo mejor. En los sueños el calendario representa una necesidad de adecuarnos al ritmo del tiempo y a nuestra vida. Es una advertencia para no retrasar ni precipitar los acontecimientos, debemos dejar que sigan su propio curso y su ritmo, sin impacientarnos ni abrumarnos por ello.

Calle, callejón

Si la calle toma protagonismo en nuestro sueño, y nos impresiona más su aspecto que lo que sucede en ella, es un buen presagio. Cuando vemos una gran calle vacía que se alarga ante nosotros es porque obtendremos un éxito profesional próximamente. Si en la calle hay objetos o personas, son advertencias sobre los problemas que nos pueden surgir para obtener ese éxito, pero es seguro que lo conseguiremos.

En cambio, soñar con un callejón es un mal presagio, significa que hay alguna faceta en nuestra vida que no tiene salida.

Calzado (véase *Zapato*)

Cama

Generalmente los sueños en los que aparecen camas están relacionados con nuestra vida sexual. Si aparece una cama de grandes dimensiones es porque le damos mucha importancia a este aspecto de nuestra vida; en cambio, si la cama es pequeña y estrecha es porque la sexualidad es un asunto secundario de nuestra vida. Si la cama está hecha y ordenada, dando un aspecto de limpieza, es porque nuestra relación sexual con la pareja es satisfactoria; en cambio, si la cama está deshecha y desordenada es porque no estamos conformes con el acuerdo con nuestra pareja. Ver a un desconocido durmiendo en nuestra cama es señal de futuras peleas y discusiones.

Camino

Los caminos, carreteras, autopistas, senderos, etc., siempre representan en los sueños el camino de la vida, cómo se abre el futuro ante nosotros. Según el aspecto de ese camino podremos descifrar el significado del sueño (si es tortuoso, o existen varios cruces, si es amplio y recto, etc.).

Camión

Es uno de los sueños relacionados con los medios de transporte, por lo que se interpreta como nuestra forma de ir por la vida y nuestro camino futuro. En el caso de soñar con un camión indica un cambio inminente; y como se trata de un vehículo de carga este cambio está relacionado con los hechos anteriores, está cargado con lo que hemos hecho antes. Puede tratarse de un cambio laboral relacionado con nuestros últimos trabajos realizados, o con una herencia o una ayuda económica inesperada.

Camisa, camiseta

Por ser una prenda de vestir tan común hoy en día, su significado se relaciona con nuestra intimidad. Así, una camisa limpia y nueva augura mejoras y prosperidad; una camisa sin mangas es señal de felicidad, aunque no signifique una mejora económica. Una camisa rota o desgarrada indica problemas de dinero, y una camisa sucia es signo de discusiones y enfrentamientos.

Campana, campanilla, campanario

Es más frecuente soñar con el sonido de las campanas que con su imagen. Si soñamos que suenan las campanas es señal de que tendremos una noticia importante, no muy buena, sino más bien problemática. En cambio, el sonido de las campanillas sí que augura una buena noticia o la llegada de algo muy esperado. Si en sueños aparece un campanario o vemos las campanas en lugar de oírlas, es signo de prosperidad y mejora económica.

Campesino, campo, campiña

Soñar con el campo o con campesinos indica una necesidad de retornar y acercarse a las leyes de la naturaleza, de volver al estado natural. Según la actividad que realice el campesino sabremos qué es lo que necesitamos. Por ejemplo, si está sembrando es que debemos cultivarnos e invertir en nuestra formación para conseguir beneficios; si está cosechando es que pronto obtendremos los frutos de nuestro esfuerzo; y si está podando es señal de que debemos eliminar lo superfluo y volver a la base y la esencia de las cosas.

Candelabro, candelero

El candelabro es un objeto con una gran simbología esotérica, pero en los sueños su significado es mucho más simple. Un candelabro augura buena fortuna, y mejor será nuestro futuro cuantas más velas haya encendidas en él.

Cangrejo

El cangrejo es un animal que se caracteriza por caminar hacia atrás, por eso su simbología está relacionada con la duda y la indecisión, y suele aparecer en momentos de confusión y desorientación. El cangrejo es un aviso para que reflexionemos y nos tomemos con calma las decisiones, sopesando los pros y contras y analizando bien la situación. No conviene precipitarse ni dejarse llevar por los acontecimientos, debemos tomar las riendas y decidir qué nos conviene hacer.

Cantar, canción

Si cantamos en sueños, es señal de que algo nos preocupa profundamente; puede ser un problema o una pena, pero cantar en sueños es signo de angustia y no de alegría.

Sin embargo, si oímos cantar a otra persona es un buen augurio: indica que tendremos buenas noticias pronto.

Cántaro

En el mundo de los sueños, los cántaros representan a la mujer. Soñar con un cántaro es signo de necesidad de afecto y ternura por alguna mujer, ya sea una madre, amiga, hermana o una pareja.

Caña

La caña nos advierte sobre la fragilidad de nuestra vida, ya sea por la posición que ocupamos o por nuestras relaciones personales, que no son tan sólidas como parecen.

Capucha, capuchón

Este elemento cubre la cabeza, y tiene una simbología de ocultamiento, de esconder. Como lo que se oculta es la cabeza, significa que no deseamos reconocer nuestros pensamientos, que queremos encubrirlos y esconderlos. Puede ser que no queramos reconocer algo en nosotros mismos y nos estemos reprimiendo, o que temamos ser descubiertos por los demás y nos estemos ocultando y retrayendo.

Carbón

A pesar de su apariencia, el carbón es un elemento con mucha energía, ya que está hecho del mismo material que los diamantes. Por eso soñar con carbón indica mucha fuerza y energía, aunque generalmente no es positiva, sino que puede volverse contra nosotros. Por eso debemos temer críticas, ataques o problemas después de soñar con el carbón.

Cárcel

Soñar con la cárcel es señal de que se acercan grandes cambios en nuestra vida; puede que no sean inmediatos, que tarden algún tiempo en llegar, pero serán importantes.

Según la actitud que tengamos en la cárcel esos cambios nos afectarán de forma distinta. Suelen ser cambios para mejor, pero si en el sueño estamos angustiados o preocupados por estar en la cárcel, significa que los cambios nos han cogido desprevenidos, que no los esperábamos y que no estamos preparados.

Careta, carnaval

Soñar con caretas o máscaras es signo de que tememos que nos estén ocultando algo, que sospechamos que alguien no es sincero con nosotros.

Si soñamos con el carnaval es una advertencia de que si nos dejamos llevar por distracciones o diversiones, luego tendremos que hacer un esfuerzo extra para volver a situarnos y ponernos al día.

Carro

Al ser un medio de transporte, simboliza nuestro camino en la vida. Cada uno de los elementos del carro tiene una función y su interpretación dependerá del contexto del sueño. Así, el animal que tira del carro, ya sea un buey, un mulo o un caballo, representa las fuerzas y las energías vitales de que disponemos; las riendas son nuestra inteligencia y capacidad, y el conductor es nuestro lado espiritual.

Carta

Es común soñar que recibimos cartas o incluso vernos a nosotros mismos escribiéndolas. Las cartas representan nuestra inquietud o ansiedad por tener noticias, seguramente sobre un tema que afecta a nuestro futuro o a los proyectos que tengamos. Si el contenido de la carta es desagradable, expresa nuestros temores a que no sean las noticias que esperamos.

Cartera

Éste es uno de los sueños en los que debemos interpretar el contenido al revés de lo que parece. Si soñamos que tenemos la cartera llena, es señal de que tendremos pérdidas económicas; en cambio, si la soñamos vacía es porque tendremos buena suerte.

Casa

En los sueños la casa simboliza nuestro propio ser; la interpretación es muy directa, aunque hay que tener en cuenta el conjunto de toda la casa y todo el contexto del sueño. De esta manera, el interior de la casa representa nuestra personalidad y nuestro interior, y la fachada representa la parte física externa. Dentro de la casa la cocina simboliza la vida doméstica y la alimentación; el dormitorio, el sueño y la sexualidad; el comedor, las relaciones y la vida social; el baño, la higiene física y espiritual; el desván y los cuartos altos son la mente y la inteligencia; y la bodega representa nuestro inconsciente. Así, según las dimensiones y la importancia de cada habitación en nuestro sueño, esa faceta que representa tendrá mayor relevancia en nuestra vida y en nuestra personalidad.

Casino

Los sueños donde vemos un casino o estamos en él representan la fuerza del azar, es decir, que debemos dejar que el azar y el destino hagan su labor, y dejar que participen en nuestra vida.

Castillo

El castillo se relaciona con nuestra espiritualidad y nuestra vida interior. La simbología de las habitaciones y departamentos es similar a la de los sueños con casas, pero aplicable sólo a nuestra parte espiritual.

Un castillo blanco representa la tranquilidad interna y la paz, un castillo negro es el temor al futuro y al destino, un castillo iluminado simboliza nuestras ansias por encontrar una verdad espiritual, una búsqueda y una inquietud; si el castillo es oscuro es porque ansiamos y buscamos algo inconcreto, que todavía no sabemos qué es.

Castración

No es un sueño frecuente, pero a veces se nos aparecen imágenes o temores relacionados con la castración. Una interpretación posible es la plasmación de nuestros miedos por falta de carácter o de virilidad, o un temor a perderla.

Pero la castración también puede relacionarse con la espiritualidad. Según la tradición esotérica las fuerzas del placer y las de la racionalidad y mente están opuestas, así toda la energía que invirtamos en nuestra sexualidad o en el placer es energía que restamos a nuestra mente. Por eso muchas veces se recomienda la castidad para obtener mejores resultados en algún momento concreto. Pero cuando la persona interesada no era capaz de mantener esa castidad, o representaba un esfuerzo demasiado grande, se creía que la castración era la solución, ya que entonces toda la energía corporal era aprovechada por el cerebro y se conseguía una mayor elevación y espiritualidad. Pero la castración es una medida extrema, que en el fondo se debe a una falta de disciplina y autocontrol, por lo que es una muestra de debilidad y un error. Y eso es lo que significa este sueño, que estamos tomando el camino equivocado y cometeremos un error muy perjudicial para nosotros mismos.

Cataclismo, catástrofe

Los sueños en los que aparecen estos acontecimientos son premonitorios de grandes cambios, o también puede ser que ocurra que seamos nosotros mismos quienes deseamos esos cambios drásticos, que necesitemos algo nuevo en la vida.

De la misma manera que después de un cataclismo un lugar o una ciudad quedan totalmente deshechos y tienen que volver a ser reconstruidos, este cambio representa una resurrección, una nueva construcción en nuestra vida. El cambio que se presagia puede ser tanto algo drástico, por ejemplo emigrar o una revolución, como una simple discusión que ponga las cartas sobre la mesa.

Caverna

En los sueños las cavernas representan nuestro inconsciente, el mundo interior. Soñar con cavernas está relacionado con el crecimiento, las relaciones con el mundo exterior y la madurez.

Caza

Los sueños relacionados con la caza reflejan una inquietud o preocupación. No es necesario ser nosotros los cazados para que su significado sea éste; basta con participar en la cacería, aunque sólo sea como observador, para que indique una preocupación o angustia. Ese problema nos preocupa más de lo necesario, porque no tiene tanta importancia como le estamos dando.

Cebollas

Estos comestibles son de mal agüero en los sueños, ya que anuncian fracasos y problemas. Si las vemos enteras es porque el problema parece más grave de lo que realmente es; en cambio, si estamos pelándolas o cortándolas anuncian un fracaso que necesitará de todo nuestro esfuerzo para poder evitarlo.

Cementerio

No es muy común soñar con cementerios y es un claro signo de incertidumbre e inquietud. Si hemos tenido una pérdida o una muerte cercana, este sueño se relaciona con ese sentimiento de pérdida o de dolor; pero si no es el caso su significado cambia.

El cementerio indica un temor al futuro e incertidumbre; vivimos demasiado aferrados a un pasado idealizado por aprensión a lo que vendrá, que es incierto.

Cenizas

Soñar con cenizas significa una necesidad de volver a los orígenes, es decir, de recordar quiénes somos, de dónde venimos y qué es lo que deseamos. Necesitamos aclarar nuestros deseos y orígenes para no dejarnos llevar por la superficialidad y la rapidez y no perdernos en lo cotidiano, sin saber hacia dónde vamos.

Centinela

Este sueño cambia de significado según cómo sea el centinela y la actitud que tomemos hacia él. Por lo general, un centinela representa el celo y el afán por guardar y proteger nuestros intereses. Si aparece un centinela firme y atento es porque nuestros intereses están bien cuidados; si está durmiendo o distraído significa que tendremos algún tipo de problema económico; y si somos nosotros los que sorprendemos al guardia es señal de que tomaremos una iniciativa muy osada.

Cerradura

En los sueños la cerradura nos muestra la solución a un problema o dilema que nos preocupa en ese momento. Si abrimos la cerradura es porque conseguiremos solucionar el conflicto; pero si no podemos abrirla es porque estamos tomando el camino equivocado. Nos estamos enfrentando a ese dilema de una forma que no nos va a ayudar a solucionarlo, y debemos cambiar de estrategia.

Si en el sueño forzamos la cerradura, es una muestra de falta de escrúpulos para conseguir lo que queremos, y seremos capaces de hacer cualquier cosa para lograr lo que deseamos.

Cerrojo

Significa una necesidad de estabilidad y tranquilidad. El cerrojo simboliza una determinación: dejar las cosas como están para que nunca puedan cambiarse, lo que no es posible, porque las cosas siempre cambian. En este caso debemos plantearnos nuestra necesidad de estabilidad y qué es lo que nos hace sentir tan inseguros.

Ciego

Soñar con una persona ciega nos anuncia cómo irán nuestros proyectos y planes. Si ayudamos al ciego es porque las cosas irán bien, pero si el ciego nos parece una persona sospechosa es debido a que tendremos algún tipo de problema con nuestros planes.

Si soñamos que somos nosotros los que estamos ciegos, es porque hemos pasado por alto algún detalle o cuestión que puede perjudicarnos e impedirnos realizar nuestros proyectos.

Cielo

El cielo representa nuestras aspiraciones espirituales, así como nuestros logros futuros. Si soñamos con un cielo nocturno es porque estamos en un momento de cambios y de tomar decisiones que no tenemos claras; en cambio, un cielo diurno anuncia un período de acción más que de decisión.

Cigüeña

Dado el simbolismo que este animal tiene en nuestra cultura, su simbología no puede separarse de las connotaciones culturales que tiene para nosotros. Por eso soñar con cigüeñas es señal de temas relacionados con la familia, quizá con los hijos o con la familia. Si vemos un grupo de cigüeñas volando es porque ansiamos el cariño familiar y la vida hogareña.

Ciprés

Contrariamente a lo que se cree, y al simbolismo que ha tomado este árbol por su presencia en los cementerios, el ciprés no es un augurio negativo. Es un árbol de hoja perenne, lo que simboliza la resurrección y la inmortalidad. En la antigua Grecia estos árboles se relacionaban con la fidelidad.

En los sueños su significado se relaciona con estas dos interpretaciones: puede ser un símbolo de resurrección, de que estamos iniciando una nueva etapa vital y nos sentimos completamente distintos; o también se puede relacionar con un sentimiento de fidelidad y de confianza.

Cisnes

Los cisnes siempre han sido animales muy admirados por su elegancia y por su apariencia aristocrática, por eso se los relaciona con la buena fortuna y el bienestar económico. Así, soñar con ellos es señal de mejoras en nuestra economía.

Cita

Es muy frecuente soñar que tenemos que ir a una cita, y también es común que algo tan sencillo en la vida real sea en los sueños una labor titánica, ya que siempre aparecen problemas. Llegamos tarde, nos perdemos por el camino, nos equivocamos de sitio o de hora, la persona esperada no aparece, es alguien equivocado, etc. Este tipo de sueños simboliza un conflicto entre nuestros deseos y aspiraciones y la realidad que nos rodea.

Clavos

Los clavos representan el trabajo y el esfuerzo en la vida laboral. Si soñamos con clavos útiles y nuevos es porque nuestro empeño se verá recompensado; en cambio, si soñamos con clavos oxidados o torcidos es porque nos veremos en dificultades laborales.

Cocina, cocinar

Como en el caso de *Casa*, la cocina se relaciona con nuestra vida familiar y afectiva; así, soñar que estamos en una cocina o cocinando es un presagio sobre nuestro futuro. Si estamos en una cocina bien provista, significa que estamos preparados para encarar el futuro; pero si estamos en una cocina donde falta lo indispensable es porque aún no estamos listos para afrontar lo que venga.

Cocodrilo

Si soñamos con este animal es un signo de agresividad y rabia. Estamos en un momento de mucha tensión y con agresividad y rabia contenida, de forma que necesitamos extraerla en nuestros sueños. Es recomendable calmarse y tomarse las cosas con más tranquilidad, además de encontrar alguna vía de escape para la tensión acumulada.

Cofre

Los cofres simbolizan tesoros y riquezas, por eso soñar con ellos es señal de bienestar económico. También pueden representar secretos; por eso, si soñamos que el cofre está abierto puede ser que algún secreto nuestro salga a la luz; si somos nosotros quienes abrimos el cofre seremos nosotros los que descubramos un secreto.

Colina

Al ser una elevación del terreno, es fácil relacionar la colina con nuestras aspiraciones materiales y/o laborales. Así, si subimos la colina es porque veremos satisfechas nuestras ambiciones; si nos caemos y rodamos es porque tendremos alguna dificultad o problema.

Colmena (véase *Abejas*)

Columnas

Las columnas representan el sostén y el apoyo. Según cada persona se puede referir a algo diferente, ya sea la pareja, la familia, los amigos, la espiritualidad, etc., según sea lo que utilicemos más para apoyarnos como sostén de nuestra vida.

Si vemos que una columna se cae, su simbología es negativa para cualquiera de los casos, ya que representa un apoyo que falta o un problema en la base de nuestra unión familiar.

Columpio

El columpio es un elemento ligado al matrimonio y a la fertilidad. Así, si soñamos que nos estamos columpiando es señal de felicidad en la pareja, y si soñamos que el columpio se rompe es símbolo de próxima fertilidad y aumento de la familia.

Collar

Como hemos visto en el caso de brazaletes y anillos, las joyas simbolizan la dependencia. Por eso soñar con collares es un aviso para conservar nuestra independencia y autonomía, o una muestra de nuestra necesidad de establecer una relación duradera.

Comer, comida

A veces soñamos con comida debido a causas fisiológicas como tener hambre o una mala digestión. En este caso su significado no es válido, ya que el sueño es debido a circunstancias externas.

Soñar con comida muestra una insatisfacción: puede ser una ansiedad por conseguir algo, o una decepción. También hay que tener en cuanta la actitud que genera la comida en el sueño, ya que comer puede ser un gran placer, pero también una situación angustiosa si nos obligan o tenemos que comer algo desagradable o que no nos gusta. Así, la comida representa nuestro futuro inmediato y la actitud que tendremos en él. Si comemos algo amargo o que nos desagrada es porque tendremos dificultades o problemas, sobre todo en lo referido a nuestras expectativas y la realidad que nos rodea. En cambio, si comemos dulces o algo que nos apetece mucho, es señal de que se aproxima un buen momento en nuestra vida.

Cometa

Esta palabra puede hacer referencia a un astro o a un juguete. En el caso de soñar con el primero es un mal presagio, ya que simboliza problemas y dificultades.

La cometa como juguete muestra en general una situación favorable para el que la sueña, pero en el caso de que esté rota o se caiga al suelo muestra preocupaciones por un problema que de momento no podemos resolver. Soñar que hacemos o construimos una cometa es una advertencia para no arriesgarnos demasiado en nuestros planes y proyectos.

Convento (véase *Abadía*)

Copa

Este elemento tiene un gran simbolismo en nuestra cultura, desde el cáliz de Cristo y la eucaristía hasta el hecho social de brindar con alguien. Por eso la copa simboliza el corazón y los amores en su sentido más amplio: el compañerismo, el amor, la espiritualidad y la vida y relaciones en general. Soñar con copas es un buen augurio porque señala una actividad amorosa, estamos compartiendo y amando. Especialmente cuando en nuestro sueño brindamos con alguien o compartimos nuestra copa, es señal de compañerismo, amistad y amor.

Corazón

El simbolismo del corazón está muy claro y se mantiene en los sueños: hace referencia a los sentimientos y la vida amorosa. Su interpretación está clara y es muy directa, ya que un dolor significa problemas o sufrimiento y un corazón herido representa la enfermedad y los problemas de salud.

Cordero

Este animal hace referencia a nuestro futuro material y nuestras posesiones. Si soñamos con un rebaño de corderos es porque tendremos beneficios y bienestar, sobre todo si cogemos algún animal o si se acercan hacia nosotros. Si soñamos con corderos perdidos o abandonados es signo de que tendremos dudas sobre nuestros negocios o proyectos.

Corona

La corona es un elemento complejo, ya que tiene varias interpretaciones: por una parte significa el éxito y el triunfo, pero también está relacionada con la inteligencia y la capacidad por hallarse encima de la cabeza, y se relaciona con los asuntos que hacen referencia a ésta.

Correr

Un sueño frecuente es soñar que corremos y no podemos avanzar, ya sea porque hay obstáculos en el camino o porque las piernas no responden, etc. Este sueño provoca una sensación de angustia e incomodidad, y en general hace referencia a una preocupación que nos absorbe o a un estado de tensión o agotamiento. En este caso hay que cuidarse más y tomar las cosas con más calma, intentando relajarnos y dedicarnos momentos de ocio, ya que este sueño es un aviso de estar al límite del agotamiento. Si en el sueño corremos sin dificultad e incluso avanzamos rápidos y adelantamos a otras personas o animales, es un signo de superación y triunfo.

Cortinas

Las cortinas son elementos de separación o para tapar algo, por lo que simbolizan cuestiones de ocultamiento o de falta de sinceridad. En general hacen referencia a algo que nosotros mismos no queremos reconocer: más que a la falsedad de otra persona, es una falta de sinceridad con nuestro propio yo.

Crepúsculo

El crepúsculo representa un cambio de situación: así como en la realidad es un cambio de la luz a la oscuridad o de la oscuridad a la luz, en los sueños indica un cambio en nuestra vida. Su interpretación se relaciona con la sensación que nos provoque el sueño. Si es un paisaje agradable, que hemos disfrutado y nos deja una sensación de bienestar es porque el cambio será hacia mejor. Pero si la sensación es de incomodidad o frío y de inquietud, es un mal presagio.

Crimen, criminal (véase *Asesinato*)

Cruz

La cruz posee una gran simbología; en general hace referencia a las cuestiones existenciales de la vida, a la religiosidad, la espiritualidad y la vida interior. Soñar con una cruz significa un vacío o una necesidad interior. Una cruz en el suelo cambia su significado, ya que hace referencia a los caminos de la vida y a que debemos elegir en un cruce hacia dónde queremos dirigirnos: arriba, cielo; abajo, suelo; este, principio; y oeste, fin o destino.

Cuadro

Soñar con cuadros vistos o pintados por nosotros mismos es una señal de una gran fantasía e imaginación. Si el cuadro es agradable significa que la fantasía nos ayuda y es útil en nuestra vida; en cambio, si el cuadro es triste es porque estamos demasiado alejados del mundo real. Nos hemos dejado llevar demasiado por la imaginación y ahora tenemos que poner los pies en la tierra.

Cuchillo

Los cuchillos son un elemento de fuerza y violencia, y ése es su significado en los sueños. Es un temor o una advertencia de que nuestros sentimientos de rabia y venganza nos pueden hacer llegar hasta la violencia y debemos controlarlos y catalizarlos.

Cuerda, cordel

El significado de estos elementos varía según su posición en el sueño. Si soñamos que estamos colgando de una cuerda o que subimos cogidos a ella, es señal de que pronto ascenderemos en el trabajo o socialmente.

Cuernos

Si son de toro o de vaca, los cuernos simbolizan la fuerza, la fertilidad y la paciencia. En el caso del carnero simbolizan la agresividad. Si soñamos con una persona con cuernos es signo de excesiva paciencia, y en algunos casos toma el significado popular de traición amorosa.

Cuervo

Éste es un animal de mal agüero que anuncia problemas y males, además de llamar a la mala suerte. Soñar con cuervos es mala señal, ya que significa que se acercan problemas y dificultades. Sólo en el caso de que el cuervo nos hable el significado cambia, ya que anuncia el final de las dificultades.

Cuna

Soñar con una cuna vacía es un deseo de volver a la infancia, por eso refleja una inseguridad y conflictos que nos hacen desear sentirnos cuidados y protegidos como cuando éramos niños. Una cuna con niños es señal de felicidad familiar y conyugal; y si soñamos que está llena de varios niños también augura bienes materiales.

Cura

El significado de un cura en los sueños puede variar, ya que en algunos casos representa una necesidad de hablar y confiarnos a alguien, y en otros casos es un signo de mala suerte, ya que su aspecto se relaciona con el cuervo y con su labor de acompañar a los muertos.

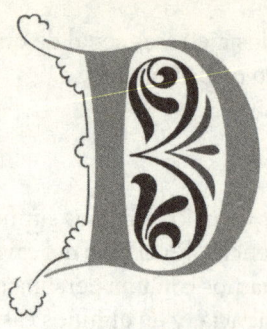

Dado

Es uno de los elementos básicos de los juegos de azar. Siempre que el azar se nos aparece en los sueños es debido a que no lo estamos dejando actuar en la realidad. Este sueño significa que debemos dejar que el destino y el azar actúen sin intervenir: debemos dejar que la suerte siga su curso.

Deberes escolares

Los sueños que hacen referencia a nuestra infancia y a nuestra vida escolar pueden tener dos interpretaciones. Por una parte puede tratarse de un sentimiento de nostalgia y una necesidad de sentirse cuidado y protegido como cuando éramos niños. Pero también la escuela y los padres significan para un niño la autoridad y la obligación. Por eso los sueños que suceden en la escuela o que están relacionados con ellos también se pueden relacionar con un sentimiento de falta, con una ausencia de autoridad y de una figura que nos obligue y nos encamine.

Deformidad

Soñar con alguna deformidad puede ser un buen o mal presagio según la actitud que tomemos en el sueño. Por ejemplo, los jorobados y deformidades similares siempre han sido señal de buen augurio, y en el sueño mantienen su significado. Hay que tener en cuenta la reacción que nos provoque la deformidad en el sueño: si nos impresiona o repele es mala señal, pero si no nos afecta es señal de buen augurio.

Degollar, decapitar

Como vimos en el caso de *Cabeza,* en contra de lo desagradable del acto, soñar con degollados no es un mal signo. En general significa cambios positivos, y nuevas situaciones más prósperas o alegres. Si soñamos con animales degollados el signo es de triunfo y celebración, ya sea por un buen negocio o por un acontecimiento familiar como un nacimiento o una boda.

Derribar, derrumbar

El significado de este sueño cambia según lo que es derribado. La simbología del acto se mantiene e implica un final. Su significado es negativo cuando somos nosotros o algo nuestro lo que es derrumbado, ya que implica problemas o pérdidas. En cambio si derrumbamos algo negativo, como un muro que nos impide pasar o algo similar, es signo de mejoras y buenos tiempos.

Desaparición

Es frecuente soñar que perdemos cosas o personas y buscarlas durante todo el sueño. Esto nos deja una sensación de angustia o preocupación. En general este tipo de sueño es una muestra de cómo nuestra realidad nos preocupa o nos crea inseguridad. Puede ser que estemos viviendo bajo demasiada tensión o con mucho trabajo, o que tengamos un problema que nos angustie en exceso.

Si en el sueño aparecen símbolos sexuales, nuestra preocupación hace referencia a la sexualidad y puede ser debida a un exceso de represión o de vergüenza.

Desbordamiento

En los sueños el agua representa nuestros sentimientos y emociones. Un desbordamiento significa que nuestras emociones inundan toda nuestra personalidad, arrasando todo lo demás y sin dejar espacio para que crezcan otras cosas. Este sueño es un aviso para no dejarnos arrastrar por los sentimientos, ya que invadirán todo nuestro yo.

Descalzos

Estar descalzo es un signo de humildad, pero también hay que considerar que los pies representan nuestra espiritualidad, ya que son la base de todo nuestro cuerpo. Así, ir descalzo también significa despejar nuestra alma y liberarla de las cosas superfluas, volver a la pobreza y la humildad de pensamiento para construir sobre una base sólida.

Desconocidos

Si soñamos con un desconocido de nuestro mismo sexo y edad, es un reflejo de nosotros mismos y de lo que desearíamos ser; por eso conviene recordar todos los detalles del sueño. Si soñamos con personas desconocidas de otro sexo y nos sentimos atraídos hacia esa persona, es señal de deseos sexuales insatisfechos. Si no sentimos atracción es un buen presagio de que conseguiremos algo que estamos deseando.

Si la persona es de nuestro mismo sexo, pero varía en edad, puede ser un aviso de conflictos y discusiones. Si es una persona mayor significa que recibiremos una ayuda.

Desfiladero

Se trata de un camino entre montañas y precipicios, que generalmente es estrecho y tortuoso. El desfiladero representa nuestra situación vital: nos encontramos en un momento en que no podemos elegir y nos dejamos llevar por el tortuoso camino que ya está marcado. Este sueño es un aviso de que hemos tomado el camino equivocado, ya que ahora estamos privados de libertad y de capacidad de decisión y hacer nuestro propio camino.

Desfile

Si soñamos que asistimos a un desfile es un presagio de que tendremos bienes y amistades. Si participamos en un desfile representa que tendremos que realizar grandes esfuerzos para conseguir lo que queremos; si lo vemos pasar es que los bienes vendrán fácilmente.

Desierto

Es bastante común soñar que estamos solos en el desierto sin agua ni comida y que intentamos salir de él. Este sueño es un signo de soledad y angustia, generado por una falta de amor o de cariño. Así, lo que debemos hacer es acercarnos y cuidar a las personas amadas, ya que si damos amor también lo recibiremos y el desasosiego de la soledad desaparecerá.

Desmayo

Soñar que nos desmayamos es un aviso de peligro. Nos hemos alejado demasiado de nuestros ideales y estamos en un camino equivocado. El sueño nos previene de volver a plantearnos lo que queremos y qué hemos de hacer para conseguirlo. En general hace referencia a las ideas morales o éticas y al alejamiento que podamos tomar de ellas.

Desnudo, desnudez

Este sueño puede tener connotaciones eróticas, en cuyo caso se trata de un deseo sexual. Pero también se puede soñar que estamos desnudos y eso nos provoca distintas emociones. Si al estar desnudos nos sentimos cómodos y libres, es señal de que las apariencias y obligaciones sociales nos agobian demasiado y necesitamos alejarnos y tomar un descanso.

Si soñarnos desnudos nos provoca vergüenza y nos sentimos incómodos, es una muestra de gran inseguridad, ya sea en el terreno de las relaciones o en el laboral.

Desván

Como vimos en el caso de *Casa*, el desván y la bodega, los lugares en que se guardan cosas que habitualmente no se usan, representan el subconsciente. Si soñamos con desvanes es porque aflora nuestro subconsciente, lo que significa que en la vida real hay algo que nos preocupa o nos hace temer, por lo que resurgen nuestros antiguos miedos y sensaciones.

Diablo

En nuestra cultura el diablo es la encarnación de todos los males y los terrores. En los sueños se entiende por diablo no sólo la imagen típica generada por el cristianismo, sino la de cualquier ser maligno que personifique el terror y la fantasía. En el caso de una visión aterradora son nuestros miedos infantiles los que vuelven a surgir porque algo nos ha asustado y nos recuerda otra vez aquellos terrores de la infancia.

En el caso de que sea un diablo tentador y seductor, es un miedo a nuestra propia personalidad; desconfiamos de nuestros deseos y tememos dejarnos llevar demasiado por ellos. Si es conciliador y tranquilo es un signo de que nos perdonamos las culpas y los errores.

Diamantes

Los diamantes son un signo de lo perdurable e incorruptible, ya que son un material muy noble. Soñar con diamantes es un buen augurio y una señal de buena fortuna. Puede hacer referencia tanto a los bienes materiales como a las relaciones personales, augurando amistad o amor y buena concordancia.

Dientes

Es bastante común soñar que perdemos o se nos caen los dientes. Este sueño está relacionado con la fuerza y la juventud, ya que perder los dientes es algo que sucede con el paso de los años y la llegada de la vejez.

Soñar que perdemos los dientes es un signo de temor a crecer, de miedo a perder la fuerza, la agresividad y la osadía de la juventud.

Cada diente tiene un significado distinto, ya que cumplen funciones diversas. Así, los incisivos son los dientes más visibles y los que mostramos al hablar o sonreír, por eso simbolizan la apariencia externa, el éxito social y la belleza. Los caninos son los que se utilizan para rasgar y desgarrar, por lo que significan agresividad y violencia. Y los molares son los que se usan para masticar lentamente y triturar el alimento, por lo que hacen referencia a la perseverancia y la obstinación.

Dinero

En los sueños el dinero simboliza los bienes preciados, ya sean nuestro poder material o nuestras relaciones o amores.

Los sueños en que encontramos dinero de forma inesperada pueden ser indicio de que tenemos las energías necesarias para abordar un proyecto o negocio. Pero también el dinero puede significar algo ansiado, pero que no nos atrevemos a reconocer, como el éxito, una relación ilícita, etc. Si nos roban el dinero es un aviso para compensar nuestros intereses y nuestras fuerzas, ya que este temor a que nos roben un bien preciado es signo de que estamos poniendo demasiado interés en ello y por eso descompensamos otros aspectos de nuestra vida. Si perdemos el dinero muestra un temor a perder algo muy querido y valioso, ya sea una persona, un cariño, una amistad, etc.

Dios

Soñar con Dios, lo cual no hay que confundir con los ruegos o rezos a Dios, es muy poco común. El hecho de soñar con Dios puede ser por una gran seguridad o por paz interior y serenidad, o por un gran temor que nos recuerda la muerte. En cada caso el contexto del sueño nos dará su significado.

Director

Se trata de un director de orquesta que dirige un concierto. En el sueño la orquesta simboliza todas nuestras tendencias interiores y los distintos aspectos de la personalidad, y el director es nuestra conciencia y nuestro yo que organiza todas esas facetas. Un mal director deja que un instrumento tape a otro y no se lo oiga, con lo cual el resultado no es bueno y no apreciamos todos los matices de la composición. Un buen director consigue unir armoniosamente todos los elementos de la orquesta, y hace que juntos construyan la melodía. Este sueño significa eso: deja que todos los elementos de tu personalidad participen en la creación de tu composición y no los confundas ni los ocultes.

Disfraz

Soñar que vamos disfrazados demuestra una intención de ocultar nuestros sentimientos y emociones, es el temor a mostrarnos tal cual somos. Si el sueño se repite varias veces quiere decir que este fingimiento y falta de sinceridad nos agobia demasiado. También puede significar que la vida cotidiana y la repetición nos impiden ser tal como somos y mostrar nuestro verdadero yo, nuestra personalidad.

Disparo

No todos los autores están de acuerdo con el significado de este sueño. En general los disparos se oyen más que se ven, y algunos defienden que soñar un disparo está causado por un ruido en la realidad que nos asusta y lo introducimos en nuestros sueños sin llegar a despertarnos del todo. Otros autores creen que un disparo es una advertencia contra maniobras adversas o comentarios negativos.

Divorcio

Si soñamos que nos divorciamos de nuestra pareja en la realidad es un síntoma de que las relaciones entre ambos están confusas y no se han aclarado lo suficiente. Conviene que hablemos con nuestra pareja e intentemos los dos mejorar la situación.

Domar, domador, domesticar

Los sueños que hacen referencia al acto de domar o a los domadores auguran un éxito próximo; puede que no sea muy duradero, pero será una buena noticia.

También es posible que este sueño se produzca en épocas o momentos de mucha tensión, con lo cual es un reflejo de nuestro intento por dominar la situación y controlar las tensiones.

Dormir

Si soñamos que dormimos es un síntoma de falta de atención; significa que en nuestra vida real no estamos lo bastante atentos a las cosas que hacemos. Debemos poner más esfuerzo y ganas para concentrarnos y conseguir que las cosas salgan bien.

Dragón

Éste es un animal mítico muy presente en nuestra tradición cultural. Generalmente el dragón entraña las fuerzas del mal, pero al mismo tiempo ejerce una fascinación en nosotros al imaginarlo como un ser feroz, pero hermoso y poderoso.

El dragón representa nuestro lado más básico y primitivo, aquel que busca satisfacer su propio deseo sin contar con las consecuencias. Esta parte de nuestro ser nos asusta, pero también nos atrae. Un sueño donde aparezcan dragones es una advertencia de que estamos dejando que nuestros instintos actúen libremente sin ningún tipo de control y que luego sufriremos sus efectos.

Duelo

Soñar con duelos es un mal presagio, ya que siempre implican discusiones y peleas. Si somos nosotros los que nos batimos seremos participantes en las disputas: puede ser con nuestra pareja, la familia, los amigos o en el trabajo. Si presenciamos un duelo, entonces serán nuestros seres queridos los que discutirán entre ellos y nos sentiremos abrumados por la situación.

Edificar, edificio

Siempre que soñemos con edificar o construir algo es un buen presagio, ya que significa que estamos creando algo nuevo, que funcionará y saldrá adelante. Si en el momento del sueño tenemos planes y proyectos, debemos dedicarnos a ellos, ya que es probable que tengan éxito. Si en ese momento no tenemos ningún proyecto, significa que estamos en un período creativo que debemos aprovechar para pensar e idear cosas nuevas; seguro que si reflexionamos aparecerán nuevos planes e ideas.

Ejecución

Se puede soñar que nos ejecutan o también ponernos en el lugar del ejecutor. Ninguno de los dos casos es común y ambos muestran una gran angustia o peso. Si somos la víctima es porque nos sentimos culpables por algún motivo. Si estamos en el lugar del verdugo es porque estamos sometidos a una gran presión debido a que una persona ejerce demasiada autoridad sobre nosotros y eso nos abruma.

Ejército

Todos los sueños que implican enfrentamientos y batallas representan nuestra violencia y agresividad acumulada. Si soñamos con ejércitos es porque, metafóricamente, deseamos acudir a una guerra, lo que significa que hemos guardado demasiada rabia y enojo en nuestro interior. Debemos encontrar alguna manera de descargarnos y sentirnos más relajados.

Elefante

No es muy común soñar con estos animales. Los elefantes representan la fuerza, la longevidad y la sabiduría de la memoria. Soñar con elefantes implica éxitos y buenos pronósticos, ya que contamos con la ayuda de lo que representa, es decir, tenemos fuerza y tiempo y debemos utilizar nuestra memoria e inteligencia para conseguir lo que queremos.

Si tenemos este sueño durante una enfermedad, significa que no tardaremos en sanar, ya que disponemos de la fuerza del elefante para ello.

Embarazo

Soñar con un embarazo representa una necesidad de asentarse con una pareja estable y llevar una vida más sosegada y tranquila. Si el sueño es agobiante y toma forma de pesadilla, porque es un embarazo no deseado que trae problemas, o el parto es difícil, significa un temor exagerado a las relaciones sexuales y a sus posibles consecuencias.

Embriaguez

Si en nuestro sueño se trata de una embriaguez alegre y divertida, es un buen presagio y significa que las cosas nos saldrán bien y tendremos éxito. También es posible que esta sensación esté provocada por algún tipo de medicamento que hayamos tomado el día anterior.

Si en el sueño la embriaguez nos causa problemas y nos sentimos ridículos, muestra un temor a los juicios ajenos y a mostrarnos tal como somos, descuidando las apariencias.

Enanos

Como en el caso de los jorobados, se trata de una deformidad que es un buen augurio. En el mundo de los sueños los enanos son seres sabios que nos pueden ayudar con sus consejos. Es importante recordar las palabras que nos hayan dicho en el sueño, ya que nos pueden ser útiles para solucionar algún problema o cuestión. Si en el sueño se nos aparece un enano, pero no nos habla, es porque tendremos algún apoyo extra o inesperado que nos ayudará a salir de ese paso.

Enemigos

A veces en los sueños se nos aparecen enemigos con los cuales tenemos que luchar y combatir. Esto puede ser el reflejo de una lucha que está teniendo lugar en nuestro interior. Hay que tener en cuenta que los seres que pueblan nuestro sueños proceden todos de nuestro inconsciente, por lo que forman parte de nosotros mismos. Incluso los más feroces enemigos no son más que una representación de una parte de nuestro propio yo. Por eso conviene saber que nuestros enemigos somos nosotros mismos y que la guerra es contra nosotros. Por ello no hay que buscar excusas o motivos en el exterior, sino encontrarlos en nuestro propio interior.

Enfermedad

Soñar que estamos enfermos, más que una preocupación por la salud, indica una necesidad de sentirnos protegidos y cuidados. Es un deseo de volver a la infancia y de tener alguna persona pendiente de nosotros. También indica un temor a asumir nuestras responsabilidades y nuestro trabajo o labor; deseamos escaparnos de nuestra vida diaria y ponernos enfermos, así tendremos una excusa para faltar a nuestras obligaciones.

Entierro

Soñar que se nos entierra es un buen augurio, ya que significa una vida longeva y feliz. Además, existen diversos tipos de sueños alrededor del hecho de enterrar, ya que puede ser que se entierre alguna cosa u objeto, puede ser que se asista al funeral sin que sea un entierro, o puede ser un entierro propiamente dicho. En el caso de que asistamos a un entierro, sin ser nosotros los enterrados, nos augura un triunfo, un éxito sobre las personas que desean perjudicarnos o que nos atacan. Si enterramos algún objeto es señal de que estamos demasiado preocupados por nuestros bienes materiales, ya que deseamos enterrarlos y esconderlos para que no nos los quiten, aunque eso signifique dejar de disfrutar de ellos. Debemos plantearnos nuestras prioridades y necesidades reales. Si soñamos solamente con el funeral sin asistir al entierro, véase la entrada *Funeral*.

Entrañas

Antiguamente las entrañas de los animales eran un método muy utilizado para la adivinación y la predicción del futuro. En concreto los cartagineses elaboraron toda una ciencia alrededor del arte de leer los órganos de animales sacrificados. Por eso, si soñamos con entrañas de animales es un buen presagio, ya que es una forma de predecirnos el futuro y augurarnos alegría y felicidad. Este significado cambia si se trata de nuestras propias entrañas, en cuyo caso significa que nosotros mismos podemos ser los causantes de nuestro fracaso o nuestra ruina.

Envolver

El acto de envolver algo implica un deseo de ocultarlo, de no verlo más, por lo tanto hace referencia a algo que inconscientemente deseamos que desaparezca. Es importante ver claramente qué es lo que estamos envolviendo en el sueño, porque eso nos dará la clave para saber qué es lo que deseamos ocultar o que desaparezca. También hay que tener en cuenta el tipo de envoltura, ya que el color y la opacidad del envoltorio nos puede indicar si se trata de algo muy profundo en nuestro inconsciente. Si utilizamos envolturas en forma de red o entrelazadas, es porque se trata de un tema afectivo que hace referencia a nuestras emociones y sentimientos.

Equipaje (véase *Bagaje*)

Escalar

El simbolismo de este acto es claro y de fácil interpretación, ya que representa subir, escalar puestos en la vida social, en el trabajo o económicamente. Las dificultades y obstáculos que encontremos en el sueño mientras escalamos simbolizan los problemas que encontraremos en la vida real para conseguir lo que queremos. Escalar siempre comporta un gran esfuerzo y una serie de dificultades que deben superarse o evitarse, y en nuestra vida diaria esto es lo que debemos hacer. Hay que tener en cuenta también que puede ser que en nuestro sueño escalemos hacia abajo, es decir, que bajemos por una montaña o una pared. Esto no implica un fracaso o una pérdida, ya que en la escalada subir implica tener que bajar luego, y en muchas ocasiones bajamos algunos metros para mejorar nuestra situación y poder luego subir mejor y más cómodamente.

Escalera

El significado de este sueño es muy similar al caso de escalar, ya que también implica subir o bajar y hace referencia a nuestra posición social o laboral, nuestro prestigio o situación económica.

Pero en el caso de la escalera existen diversos tipos, ya sean de mano, fijas, de caracol, etc. Una escalera de mano o plegable indica un éxito momentáneo o relativo; en cambio una escalera fija significa que nuestro logro será más duradero y sostenible.

Si en vez de subir por la escalera bajamos por ella, representa un momento de reflexión y estudio, observar la situación para pensar nuestra estrategia y objetivos. Pero, si en lugar de bajar caemos por la escalera, es porque tendremos un fracaso.

La escalera de caracol tiene una simbología distinta, es un aviso de dificultades y problemas. Significa que probablemente el esfuerzo que tengamos que hacer para llegar donde deseamos será mayor que la compensación que obtendremos, ya que nuestro camino estará lleno de contratiempos y dificultades.

Este mismo valor simbólico lo tienen las escaleras mal construidas o deformes. Es frecuente soñar que subimos por una escalera imposible donde todos los escalones son desiguales y asimétricos, y que nos cuesta mucho mantener el equilibrio y subir por ella. El simbolismo es claro y es el mismo que en la escalera de caracol. Generalmente estos sueños nos dejan una sensación de angustia y preocupación. Debemos plantearnos si realmente vale la pena luchar tanto y hacer todos los esfuerzos para lograr eso que deseamos.

Escapar

Escapar en sueños significa que tenemos algo de lo que huir, un peligro que nos acecha o amenaza. Por una parte implica un temor o preocupación, pero también significa que conseguiremos huir de ese peligro, lo que representa un alivio. Así, aunque el sueño sugiere un problema también implica una solución a ese problema, lo que es un buen presagio y una indicación favorable.

Escoba

La escoba simboliza las labores domésticas y el cuidado del hogar. Por eso puede hacer referencia simplemente a nuestra casa, si nos sentimos cómodos, si deseamos cambiarla, si nos sentimos ajenos a ella, etc. Y también el cuidado que tenemos de ella, si está sucia o mal cuidada, si su mantenimiento nos preocupa demasiado, etc. Pero también soñar con una escoba puede simbolizar todo lo referente a nuestra casa, es decir, la vida en pareja y la familia. La escoba representa problemas, preocupaciones o insatisfacciones, ya que deseamos barrer algo de nuestra vida.

Escuela

Es bastante común soñar que nos volvemos a encontrar en la escuela, y que siendo adultos nos vemos otra vez en el marco de la vida escolar. Esto siempre implica algún tipo de preocupación, angustia o disconformidad. Es frecuente que cualquier situación de prueba en la vida nos recuerde la escuela, a los deberes y exámenes que había en ella; por eso soñar con la escuela puede ser un reflejo de la tensión y nervios que nos genera esa prueba.

Escultura

Existen diversos tipos de sueños relacionados con las esculturas. Por una parte se puede soñar que se ven esculturas, visitando un museo o en una situación similar. En este caso se trata de un presagio que nos augura buenas relaciones, que serán a la vez útiles y agradables para nosotros.

También se puede soñar que somos nosotros los que modelamos una escultura. Si se trata de una forma humana, y la persona que esculpimos es fácilmente reconocible, indica un deseo de cambiar y modelar a esa persona. Pero si se trata de un objeto abstracto o algo sin identificar se trata de un deseo de cambiar nuestra vida en general.

Espada

Soñar con una espada puede tener diversos significados. Primero hay que tener en cuenta que al tratarse de un arma siempre implica una grado de violencia o agresividad. En el caso de la espada esta agresividad hay que relacionarla con nuestra ambición y nuestro deseo de mejorar de posición. Utilizaremos nuestra agresividad para conseguir escalar posiciones. Según qué parte de la espada veamos en el sueño significa qué cosas podemos utilizar para conseguir lo que queremos. Por ejemplo, si vemos la espada entera, ya sea en nuestra mano, suelta o colgando de la cintura, significa que disponemos de la fuerza necesaria para conseguir lo que deseamos.

Si lo que se ve sólo es la empuñadura representa una cruz, y tiene el mismo significado que ésta. O sea, que representa la elección y la encrucijada.

Si junto a la espada aparece una balanza, significa justicia. Deberemos hacer valer la justicia para conseguir nuestro ascenso.

Espejo

Este objeto tiene un gran simbolismo. En los sueños puede significar varias cosas distintas según el contexto del sueño, pero en general hace referencia a una preocupación, sobre todo de tipo personal.

Nos molesta o disgusta algún aspecto de nuestra personalidad, o de nuestra manera de comportarnos. Este efecto puede verse claramente cuando soñamos que nos miramos en un espejo y vemos nuestra imagen reflejada de una manera distorsionada.

Tanto si nos vemos peores o mejores de lo que en realidad somos, o también si el espejo no refleja nada, indica una excesiva preocupación por nuestra forma de ser. En el caso en que estamos desmejorados o no somos reflejados, es un temor a admitir determinados aspectos propios que nos resultan desagradables y que deseamos cambiar, pero no tenemos el valor o la fuerza para hacerlo. En el caso en que nos vemos mejorados, es una negación total de nuestros defectos, pero en el fondo es el mismo temor a aceptarnos tal y como somos. También puede ser que el espejo nos refleje la imagen de otra persona; en este caso significa que nos veremos distanciados de esa persona. Puede ser debido a un viaje o a un alejamiento en la relación.

Espina

Las espinas siempre se asocian a las dificultades y obstáculos. Es común que al pensar en espinas nos aparezca la imagen de una rosa, la belleza junto con la maldad o la traición. En los sueños las espinas mantienen este significado de problemas inesperados y traiciones. Si soñamos con espinas, plantas espinosas o animales con espinas, es una aviso para estar alerta y vigilantes, pues pueden surgir obstáculos imprevistos y dificultades.

Estación, aeropuerto

Este sueño se relaciona con todos los que hacen referencia a medios de transporte y que son una alegoría de nuestro camino en la vida. Así, la estación significa un nuevo inicio en un camino distinto, por lo tanto un cambio radical, una elección entre dos caminos distintos, o un temor a elegir, etc. Está siempre relacionada con los cambios vitales, ya sea por un deseo de realizarlos, por un temor o una situación real de transición. En la estación pueden surgir diversas situaciones que nos pueden indicar cuál es nuestra actitud ante ese cambio. Por ejemplo, podemos llegar tarde y perder el tren; o estar tristes por las personas que dejamos atrás; o equivocarnos de tren; o podemos llegar a tiempo y viajar tranquilamente. Todos estos aspectos nos señalan cuáles son nuestros temores y angustias y debemos trasladarlos al mundo real y a nuestra situación.

Estatuas

Su significado es muy similar al de las esculturas. Así, pasear mirando estatuas es un buen presagio. Existe otro tipo de sueño en el que nos vemos a nosotros mismos convertidos en estatuas. En este caso se trata del reflejo a un temor a estar encallados o en una situación sin salida. Debemos analizar nuestra realidad para ver qué aspecto de nuestra vida puede generar este sentimiento e intentar cambiarlo.

Estómago

Soñar que tenemos problemas de estómago o alguna enfermedad relacionada con este órgano puede estar causado por motivos fisiológicos, debidos a una digestión pesada o a algo que nos ha sentado mal. Pero si éste no es el caso, el sueño debe interpretarse como que es nuestra psicología la que no ha conseguido digerir o asumir alguna noticia o acontecimiento. No hemos podido asimilar una cuestión que nos parece importante, por lo que permanecemos anclados a ese tema sin poder evolucionar hacia otros caminos o cuestiones. El sueño nos avisa de que debemos asumir los hechos y dejarlos pasar para poder seguir hacia adelante y no permanecer inmóviles.

Estrellas

Las estrellas son un símbolo del destino, y la humanidad muchas veces las utiliza para conocer la fortuna y el futuro.

Por eso soñar con estrellas es un buen presagio, nos augura una época de felicidad y alegría. Si en vez de ver un cielo estrellado vemos una estrella solitaria, es la representación de Venus y significa buena fortuna en el amor.

Examen

Es frecuente tener sueños en los que tenemos que pasar exámenes o pruebas. Estos sueños aparecen sobre todo en épocas de tensión, cuando nos vemos sometidos a una valoración externa de nuestro comportamiento o nuestro trabajo.

Soñar con exámenes también nos indica un grado de inseguridad ante estas situaciones: no estamos conformes con nuestros resultados o tememos habernos equivocado. Debemos tomar más distancia y valorar nuestra labor de una forma más objetiva para saber si esos temores son fundados o sólo son un signo de inseguridad.

Excrementos

En la cultura y la tradición popular los excrementos representan el dinero y el éxito. Así, si pisamos un excremento caminando por la calle es porque recibiremos algún dinero extra; y en el mundo del espectáculo es común utilizar el excremento como sinónimo de suerte.

Explorador

Es un buen presagio, ya que un explorador descubre y avanza sobre terrenos salvajes y desconocidos. En los sueños los lugares y animales salvajes representan nuestros instintos y deseos más primitivos. Por eso este sueño significa que nuestra racionalidad, simbolizada por el explorador, ha avanzado sobre nuestro lado más rudimentario.

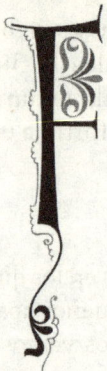

Fachada

Como una de las partes de la casa, la fachada también simboliza una parte de nuestra personalidad. En este caso se trata de nuestro aspecto externo y de nuestra forma de relacionarnos con las demás personas. Una fachada hermosa y bien cuidada indica una buena imagen externa, mientras que una fachada ajada y despintada es señal de una imagen muy pobre.

El problema surge cuando soñamos con una casa que tiene una hermosa fachada y un interior muy descuidado, o al revés, una fachada dejada con un interior lujoso. En este caso se trata de una descompensación entre nuestra imagen y la realidad de nuestra persona. En un caso el sueño nos avisa del peligro que corremos al dar una imagen falsa de nosotros mismos, ya que nos preocupamos sólo de la superficie, quedándonos como una concha vacía. En el otro caso se trata de mostrarnos tal como somos, ya que no ganamos nada empobreciendo nuestra imagen y perdiendo posibles relaciones y amistades que podrían ser beneficiosas para nosotros.

Familia, familiares

La familia representa, por extensión, nuestra vida afectiva y social. Si en el sueño aparece unida, alegre y relajada, indica que mejoraremos nuestras relaciones y obtendremos otras nuevas. Si por el contrario la escena familiar que soñamos es crispada o agresiva, indica que tendremos problemas en nuestros afectos o en el entorno social y laboral.

Familiares. Si soñamos con un familiar, debemos aplicar la interpretación que corresponda al contenido del sueño ubicando a esa persona como «conocido».

Fantasmas

En contra de lo que podría pensarse, soñar con fantasmas es indicio de buena suerte y prosperidad, en especial si se trata del típico personaje envuelto en una sábana blanca. Si lo que vemos en sueños es el fantasma o espectro de alguien que ha muerto recientemente, representa un aviso de que tenemos algo pendiente con su memoria o con sus allegados, y que debemos cumplirlo para poder recibir los beneficios del sueño. Si vemos como espectro a alguien que está vivo, indica que puede necesitar nuestra ayuda o que debemos mejorar nuestra relación con él antes de obtener la buena suerte que anuncia el sueño.

Faro

Soñar con un faro encendido en la noche significa que vamos a encontrar una solución inesperada para algún asunto que nos preocupa. Por el contrario, si el faro está apagado y a pleno día puede indicar un obstáculo o impedimento que debemos saber sortear. Si soñamos que estamos dentro de un faro, o que entramos en él, significa que pronto obtendremos el respeto y la admiración de los demás, que acudirán a nosotros para pedirnos consejo y ayuda.

Fiebre

La fiebre es una alteración de nuestro metabolismo que nos advierte cuando algo no funciona bien; es un síntoma que nos ayuda a detectar una enfermedad. En el mundo de los sueños se trata el tema principal de nuestra personalidad, y cualquier enfermedad o alteración hace referencia a nuestro aspecto psíquico más que físico. Así, soñar que tenemos fiebre es una advertencia de que existe una anomalía en nuestra personalidad. Es un síntoma que nos avisa de que nos estamos comportando de forma anormal, fuera de lo que rige nuestra normalidad, nuestra personalidad. Debemos volver a ser como éramos y como somos en realidad, pues de lo contrario nuestros actos nos parecerán extraños y no nos reconoceremos a nosotros mismos.

Fiesta

Organizar una fiesta en sueños, o participar de ella, advierte que podemos cometer excesos o derroches que luego nos traerán preocupaciones. Y cuanto más abundante y alegre sea el festín, más seria resulta esa advertencia. La única excepción es que se trate de una tranquila fiesta familiar o una celebración infantil, lo que sólo indica que debemos prestar más atención a la familia o a los niños, según el caso.

Si en el sueño participamos de una fiesta popular, representa que estamos dedicando demasiados esfuerzos a los demás, de forma un tanto indiscriminada. Debemos centrarnos más en nosotros mismos y en nuestros allegados.

Flagelación, flagelar

Los sueños de flagelación, en los que somos azotados con látigos, palos u otros instrumentos, se vinculan con el sentimiento de culpa. Tanto la interpretación tradicional como la psicoanalítica coinciden en esta lectura, y de ella se desprende la necesidad de reparar el daño causado o disculparnos ante quien hemos ofendido, para evitar algún duro castigo simbolizado por la flagelación.

Flagelar. Si en el sueño somos nosotros lo que azotamos a otra persona, representa que abrigamos sentimientos de desconfianza hacia esa persona, o que nos traicionará si confiamos en ella. Si se trata de un desconocido o desconocida, indica que tendremos problemas para controlar nuestra agresividad.

Flechas, flechazo

Soñar que se lanzan flechas al aire o hacia una diana indica que nuestras sanas ambiciones se verán favorecidas por la energía y la dedicación que pondremos en cumplirlas.

Si en sueños tiramos flechas a otra persona, o a varias, significa que obtendremos el reconocimiento de los demás o un valioso agradecimiento por una buena acción.

Flechazo. La sabiduría popular llama «flechazo» a un enamoramiento repentino y no necesariamente duradero. La tradición onírica coincide en que soñar que se recibe un flechazo indica un apasionamiento súbito, ya sea hacia una persona o hacia una actividad o asunto que hasta ese momento desconocíamos o no nos interesaba.

Flores

La interpretación de un sueño de flores es una de las más complejas, por su propia diversidad y su variado simbolismo. Aquí nos referiremos a la visión de una gran cantidad de flores de diversas especies, ya sea en un prado, ordenadas en ramos, o en cualquiera de esos fondos difusos tan frecuentes en los sueños. La presencia de las flores se relaciona siempre con la vida y los sentimientos, en especial los amorosos. Si las vemos frescas y rozagantes, anuncian una suerte favorable en estos temas. Si están marchitas o secas no auguran directamente lo contrario, pero sí más dificultades y obstáculos para alcanzar nuestros deseos en asuntos sentimentales.

Si se sueña con una sola flor, o varias del mismo tipo, se debe recurrir a la entrada correspondiente (*Rosa, Margarita*, etc.), teniendo siempre en cuenta otros elementos del sueño para ajustar mejor la interpretación.

Fogón

Es una de las partes básicas de la casa y el hogar. Aunque en las construcciones modernas su papel como centro de la cocina queda más difuminado, puede ser que en los sueños se nos aparezcan fogones como los que se usaban anteriormente. El fogón era el centro de reuniones y punto de unión de la familia, ya que era donde se cocinaba y donde se encontraba el fuego, que desde los tiempos primitivos ha sido el lugar de unión de los grupos humanos. Soñar con fogones significa que debemos volver a nuestros orígenes, a las fuentes de nuestro ser y de nuestras emociones, regresar a los sentimientos simples y la ambición moderada, volver al principio.

Fosa

En este caso tiene bastante importancia si estamos dentro de la fosa o la vemos desde fuera. Si estamos dentro, se trata de un anuncio de parabienes y buena fortuna, en especial si se trata de una fosa mortuoria (véase también *Ataúd*). Si estamos fuera, o intentamos salir de ella sin éxito, anuncia que sobrevendrá una época de adversidad.

Si en el sueño conseguimos atravesar la fosa de un salto, augura que los problemas no serán tan graves y que podremos superarlos si nos esforzamos.

Fotografía

Cuando soñamos que fotografiamos algo, nuestro inconsciente nos está advirtiendo que ese asunto o persona nos interesa, pero mantenemos demasiada distancia o no nos comprometemos de verdad. Debemos entonces buscar la simbología del elemento fotografiado, interpretarla según nuestras circunstancias de vigilia, y actuar en consecuencia.

Si en el sueño somos nosotros los fotografiados, indica que deseamos llamar la atención o destacar más en algún asunto para obtener la admiración de los otros.

Señalemos también la creencia de muchas tribus primitivas de que quien se deja fotografiar entrega su alma, o al menos su voluntad, a la persona que toma la foto.

Frío

Como en el caso de otras sensaciones o molestias aparentemente oníricas, es preciso descartar primero que el frío no provenga de la baja temperatura del propio dormitorio o del aire de una ventana mal cerrada.

Si durmiendo en una estancia confortable, soñamos que soportamos un intenso frío, esta sensación alude a una vida saludable y a deseos de elevación mental e incluso de aislamiento espiritual. Debemos unir ese simbolismo al de otros elementos del sueño para orientar mejor la interpretación.

Frontera (véase *Aduana*)

Fruta

Los sueños de frutas aluden siempre a la vitalidad física, al amor sensual y a la prosperidad material, según el aspecto que presenten y las circunstancias del sueño. En principio, ver frutas rebosantes, maduras y frescas, sea en su planta o en un frutero, es un augurio de buena salud y de energía para afrontar nuestros asuntos.

Las frutas carnosas, como la manzana, el melocotón, el plátano y otras tropicales, anuncian placeres sensuales y buena disposición para disfrutarlos. Los cítricos, como la naranja, el limón o la lima, hacen referencia al buen éxito en los negocios y las cosas materiales, mientras que las llamadas «frutas del bosque» (fresas, grosellas, frambuesas, etc.) auguran una saludable longevidad. Estos vaticinios básicos influyen en todo tipo de sueños, aunque las frutas no sean su elemento temático principal.

Si las frutas aparecen inmaduras o verdes, indican que todavía habrá una etapa de problemas antes de que se cumpla el buen augurio.

Fuego

El fuego es un elemento purificador, pero también destructor; y tanto puede protegernos del frío como abrasar nuestras carnes. Así pues, los sueños de fuego siempre pueden tener una doble interpretación, según cómo se nos presente este elemento y las circunstancias de la escena soñada y de nuestra propia vigilia.

Soñar que vemos o encendemos un fuego moderado y controlable, como una pequeña hoguera, una fogata, o incluso una barbacoa, indica que dispondremos de ánimos y energías para emprender nuevos asuntos o resolver con éxito los que tenemos pendientes.

Si contemplamos un fuego que arrasa un bosque, o un edificio, significa que nos envolverán problemas imprevistos y aparentemente insolubles. Pero si en el sueño el fuego no nos toca y logramos evitar las llamas, sugiere la posibilidad de superar esos problemas por medio de la prudencia y el buen hacer.

Si es el propio soñador quien provoca un incendio, significa que debemos controlar nuestra agresividad y nuestros impulsos pasionales para que no acaben perjudicándonos a nosotros mismos. Finalmente, soñar con un fuego que brilla suspendido en el cielo o en un fondo impreciso es un excelente signo favorable para nuestro futuro, en especial en temas espirituales o que requieren una gran fuerza interior. Si en el sueño aparece el ancestral carro de fuego celeste, estos augurios serán aún más intensos y poderosos.

Fuentes

Soñar con fuentes, sean éstas naturales o de fábrica humana, significa alegría, pureza y sereno disfrute de la vida. Si además en el sueño bebemos de su agua, o nos lavamos en ella, indica que nuestro espíritu y nuestra imagen prevalecerán sobre los demás, que seguirán nuestra guía y nuestro consejo en asuntos de suma importancia para el bien común.

Funerales

Soñar con funerales es soñar que asistimos a la ceremonia o servicio religioso que se celebra en honor al difunto, pero donde no hace falta que éste se halle de cuerpo presente; en esto se diferencian los sueños de funerales de los de entierro.

En la mayoría de sueños donde aparece la figura de la muerte, se trata de un deseo de hacer desaparecer algo que nos es molesto. En este caso se trataría de un sentimiento de culpabilidad o problemas personales.

Pero también este sueño se puede interpretar de diversas maneras. Un funeral es el rito que se hace para despedir a una persona que abandona este mundo, pero en la mayoría de culturas se supone que existe otro mundo más allá de la muerte, por lo que también sería un ritual de transición o de paso hacia otra vida. Por este motivo estos sueños se pueden asociar con momentos de cambio o de transición, o también con el deseo de cambiar de vida o de actividad. Siempre se trata de grandes cambios, ya que los estamos asociando con el paso a otro mundo.

Gafas

La interpretación de un sueño con gafas depende de si el soñador las lleva o no en su vida real. Es importante señalar que, en un sueño complejo, a veces no recordamos o no registramos el hecho de si llevamos o no gafas. Debemos prestar atención a este detalle, pues influye en la interpretación general del sueño.

Si quien habitualmente no utiliza gafas se ve con ellas en un sueño, significa que entenderá mejor un asunto que le preocupa o lo verá desde un punto de vista más apropiado. Las personas que acostumbran a usar gafas suelen soñar que éstas se rompen o se extravían, reduciendo su posibilidad de visión. Por lo general éste es un sueño angustioso, similar a los sueños de mutilación. Pero su interpretación es muy favorable, ya que indica que en el futuro podremos desenvolvernos bien por nosotros mismos, sin necesidad de apoyarnos en ayudas externas.

Gallinas, gallos

El gallinero es, en cierta forma, una metáfora caricaturesca de los grupos humanos, como la familia, el vecindario o el lugar de trabajo. La interpretación dependerá entonces de cómo las aves de corral se comporten en el sueño. Si están tranquilas y el gallo ejerce serenamente su autoridad, augura un buen momento de convivencia y la solución de los pequeños o grandes problemas que podamos tener en nuestra relación con el entorno. Si el gallo se encocora y empuja o picotea a las gallinas, representa una crisis de autoridad en alguno de los grupos humanos a los que pertenecemos. Si las gallinas atacan al gallo, indica que formaremos parte de una rebelión, o que la sufriremos, según el lugar jerárquico que ocupemos en el grupo en crisis. Soñar que una gallina pone huevos, o los está empollando, significa que recibiremos regalos inesperados o buenas noticias. Si soñamos con un gallo solitario, indica que nuestras destrezas o virtudes personales destacarán. Si el gallo canta y agita las alas, ese augurio se refuerza y su duración será más prolongada.

Ganado

El ganado era un signo de riqueza en las culturas agrícolas que establecieron los significados tradicionales de los sueños. Esa interpretación prevalece aún hoy, por lo que soñar con cualquier clase de rebaño anuncia prosperidad y una mejora en nuestros negocios o actividades.

Si en el sueño el ganado se desperdiga o huye de nuestra presencia, indica que debemos atender mejor nuestros asuntos materiales. Si por el contrario somos atacados por el rebaño, es una advertencia de que la prosperidad económica puede hacernos odiosos a los ojos de los demás.

Garganta

La garganta es el paso obligado del aire y de la comida, sustentos básicos de la vida, por lo que su simbología alude siempre a nuestra situación vital. Si en el sueño nos falta el aire, no podemos tragar o nos duele la garganta, indica que estamos trabados o paralizados en algún tema importante. La interpretación psicoanalítica refiere a la garganta como fuente de la voz, o sea, nuestro instrumento de comunicación y de expresión.

Gastos

Un sueño común es verse en una situación de compra normal y, a la hora de pagar lo adquirido, descubrir que su precio es desorbitado, muy por encima de lo esperado, y que no nos lo podemos permitir, o que no llevamos suficiente dinero encima para pagarlo. Se trata del tipo de sueños que mezclan una incongruencia con los elementos más comunes y cotidianos, como puede ser ir a hacer la compra diaria. Aquí se trata del precio que tenemos que pagar para llevar la vida que queremos o que tenemos. Siempre hay que renunciar a algo para conseguir otra cosa, y este sueño nos lo recuerda. Lo que debemos hacer es pensar si realmente nos compensa, y si estamos dispuestos a renunciar a algo por conseguir lo que queremos.

Gatos

El gato es un animal de antiguo prestigio simbólico, tanto en el esoterismo ancestral como en las artes adivinatorias. Tradicionalmente tiene una carga de misterio y de agente del destino, aunque también está estrechamente relacionado con el hogar y la preservación y protección de la casa familiar. Si quien posee un gato como animal de compañía lo ve en sueños, significa que se presentará una novedad inesperada, buena o mala según la actitud del animal en el sueño. Si quien no tiene gatos o no los estima sueña con uno de ellos, indica que aparecerá en su vida alguien de quien debe cuidarse. Si sueña con varios gatos, tendrá problemas con los demás por un motivo totalmente inesperado.

Si soñamos que nuestro gato huye, enferma o se muere, anuncia un conflicto familiar o problemas relacionados con la casa u otro bien común. Si este sueño se presenta a quien no tiene gatos, señala que se desvelarán los motivos de una preocupación o se aclarará una situación difícil.

General

En los sueños estas figuras que representan el lugar más alto de una jerarquía, como un general o un director, simbolizan el yo que ordena y organiza nuestra personalidad. Si se nos aparece en sueños la figura de un general es un mal presagio, porque significa que la jerarquía interior está muy marcada, por lo que hay partes que están en la parte baja de la ordenación. Por tanto, este sueño nos indica que se está llevando a cabo una lucha en nuestro interior, entre la racionalidad y la responsabilidad y los deseos y las emociones.

Gente

Soñar que estamos entre mucha gente o formamos parte de una multitud es una metáfora de nuestra relación con la realidad y con el mundo. Así pues, si nos sentimos cómodos e integrados en la muchedumbre, indica que nos adaptamos bien a las circunstancias y a los demás.

Si, por el contrario, nos sentimos aislados, indica una personalidad solitaria, quizá con un punto de egoísmo que debemos corregir. Si la gente nos amenaza o nos persigue, tendremos conflictos o problemas por nuestro desacuerdo con la opinión general, lo cual no significa necesariamente que no tengamos razón.

Gigante

El gigante es un ser mitológico al que se atribuyen diversas cualidades, generalmente amenazadoras. También se lo describe como una raza preadánica o una suerte de semidiós. En todo caso es un ser de dimensiones y fuerzas sobrehumanas, generalmente agresivo. Soñar que vemos un gigante, sea cual sea su actitud, nos advierte que debemos recurrir a la ayuda de los demás si queremos resolver problemas y salir adelante en nuestros asuntos. Si uno mismo se sueña como un gigante, significa que confía demasiado en sí mismo.

Globos

Sabemos que hay dos clases de globos: los de colores que se utilizan en las fiestas y celebraciones, y los aerostáticos que fueron precursores de la aviación y aún hoy se utilizan con fines deportivos o meteorológicos.

Cuando soñamos que lanzamos o vemos ascender globos de colores, significa que tendremos momentos de alegría compartida, pero que serán efímeros y no muy profundos. Si en el sueño hinchamos uno o más globos, indica que estamos dedicando demasiados esfuerzos a causas banales o poco importantes. Si los globos estallan o se desinflan, nos advierten que ha llegado el momento de sentar cabeza y centrar nuestros esfuerzos en las cosas que realmente nos importan. Si en el sueño vemos globos aerostáticos, representa que debemos prestar más atención a nuestra vida mental y espiritual.

Golpes

Tanto en la vigilia como en los sueños, los golpes son eso: golpes. O sea, sacudidas imprevistas que conmueven nuestra persona. Pero hay muchas clases de golpes, desde los «golpes bajos» a los «golpes de suerte», y todo dependerá de cómo se presenten en el sueño y qué relación tengan con la situación actual del que sueña.

Soñar que somos golpeados por otra persona, o por varias, es más un sueño de advertencia que de destino. O sea, que nos avisa de que tomemos precauciones para evitar algún tipo de agresión, o protegernos de ella. Si somos nosotros los que propinamos golpes, indica un aviso semejante, pero relacionado con un engaño o traición por parte de terceros. Si nos golpeamos contra algo (una pared, una puerta, etc.), significa que podemos tener contrariedades por falta de previsión o de cuidado en nuestras cosas. Si recibimos un golpe a causa de una caída, señala que si vigilamos mejor nuestros pasos nos libraremos de posibles problemas.

Goteras

Las goteras son una disfunción o una rotura de la casa. Como hemos visto, la casa representa nuestra persona, con lo cual este sueño nos está avisando de que existe algún problema en nuestra personalidad. Además, las goteras se forman por la filtración del agua, que simboliza los sentimientos y emociones. Por tanto, este sueño significa que nuestras emociones están afectando a nuestra personalidad de forma negativa.

Granizo

Como la mayoría de los fenómenos meteorológicos intensos, el granizo puede interpretarse como el anuncio de una calamidad. Otras vertientes señalan que es sólo una prevención para protegerse de males que se pueden evitar.

Sea augurio o advertencia, el soñar con granizo anuncia sólo un infortunio material, que no llegará a afectar seriamente a otras áreas de nuestra vida.

Grietas

Las grietas funcionan siempre como advertencia de que algo no va bien y puede acabar en un desastre. Si soñamos que vemos grietas en las paredes o el techo de nuestra casa, indica conflictos en las relaciones familiares o conyugales. Si son grietas superficiales y no muy grandes, se trata sólo de un aviso para que reflexionemos sobre nuestra conducta y actitudes en el ámbito hogareño. Si son grietas grandes y profundas, será mejor que nos preparemos para afrontar un trance difícil.

Gritar, gritos

El grito gutural, sin palabras inteligibles, es la respuesta casi instintiva a una sensación muy intensa, que puede ser de dolor o de placer. Si en un sueño gritamos a causa de un dolor o daño que no podemos soportar, significa que nos quitaremos de encima un problema o nos libraremos de alguien que nos incordia. Si el grito es a causa de una situación de alegría y goce, indica que debemos ser más prudentes en la exhibición de nuestros sentimientos o en la ostentación de bienes materiales.

En la teoría freudiana, soñar que se grita de dolor o de placer indica la necesidad de liberar impulsos reprimidos.

Gritos. Oír gritos en sueños tiene generalmente un sentido de advertencia sobre un peligro latente. Si los gritos son débiles o lejanos, señala que podremos evitar ese peligro si nos comportamos con precaución. Si quien nos grita es alguien de nuestro entorno, se trata de un reclamo de atención o de afecto por parte de esa persona.

Gruta (véase *Caverna*)

Guantes

En la vida real nos ponemos guantes para protegernos del frío o para realizar una tarea delicada o arriesgada. Sin embargo, los sueños de guantes no se relacionan tanto con la protección como con el distanciamiento y el exceso de prudencia. Soñar que nos compramos guantes y/o nos los calzamos, señala el deseo de desentendernos de algún asunto en el que no nos sentimos cómodos. Si realizamos alguna tarea con las manos enguantadas, indica falta de compromiso en nuestro trabajo u otro tipo de actividades. Si alguien nos tiende la mano con guante, sugiere que debemos mantener cierta distancia de esa persona.

Si en el sueño apareciera el antiguo gesto de arrojar un guante a alguien como señal de reto a duelo, representa un conflicto superficial entre las dos personas implicadas, que se resolverá sin consecuencias.

Guerra

Presenciar o participar de una guerra en un sueño es tradicionalmente un signo del advenimiento de un gran cambio. Ese cambio no sólo será intenso, sino que afectará a varios o todos los ámbitos de nuestra vida: la salud, los sentimientos, la economía, lo espiritual, etc.

El sentido favorable o adverso de ese cambio depende de cómo nos vaya en esa guerra onírica, aunque también es posible que sea beneficioso para algunos aspectos y desfavorable en otros. Por ejemplo: una prosperidad económica que nos aleja de nuestros amigos, o un amor muy intenso que nos lleva a descuidar nuestros asuntos.

Guirnaldas

Soñar con guirnaldas, especialmente las naturales de hojas de laurel o de flores, es una indicación de éxitos y momentos placenteros. Si llevamos la guirnalda en la cabeza, indica que nos sentiremos bien con nosotros mismos y satisfechos de nuestras obras. Si pasamos debajo de guirnaldas, esas obras o acciones merecerán el respeto y la admiración de los demás. Si soñamos que otra persona lleva una guirnalda, significa que ha sido elegida para acompañarnos en un momento fundamental de nuestra vida. Si quien lleva la guirnalda es un desconocido o una figura borrosa, augura un encuentro muy favorable con alguien que nos ayudará a triunfar y a sentirnos felices.

Gusanos

El sueño más frecuente de gusanos los muestra generalmente sobre alimentos u otras materias orgánicas en mal estado. Su significado indica que perderemos una ocasión, un negocio o una posibilidad de trabajo por no reaccionar a tiempo. Si los gusanos están en nuestra propia comida, o aparecen al morder una fruta, señalan que debemos concretar una posible relación antes de que sea tarde.

Otra línea de interpretación tradicional relaciona siempre los gusanos con la enfermedad o la propia muerte. Aquí preferimos la interpretación ya expresada, menos directa, y referida a que aparecen cuando algo se descompone por no aprovecharlo a tiempo.

Si se trata de un gusano de las plantas, el que vemos arrastrándose por los tallos o devorando las hojas, señala un riesgo de pérdidas materiales o económicas.

La interpretación psicoanalítica suele vincular al gusano con deseos libidinosos y también con impulsos de abandono y autodestrucción.

Habilidad

La habilidad es algo que genera admiración, sobre todo en las personas que no la poseen, pero también es una forma de compensar la falta de esfuerzo o de análisis y dedicación. En los sueños ver a alguien con una habilidad destacada tiene este sentido negativo, ya que se trata de una advertencia de engaño. Así como la habilidad esconde la falta de esmero, en el sueño la habilidad representa el engaño y la mentira.

Hábito

Aquí nos referimos a los hábitos que se forman a partir de costumbres y se acaban realizando de una manera mecánica, casi sin darnos cuenta ni ser conscientes de ello. Este tipo de hábitos siempre son negativos, ya que implican una pasividad, una falta de actuación por parte del individuo que ya no es consciente de sus actos. Soñar que tenemos o adquirimos un hábito que en la realidad no poseemos es una advertencia de que estamos cayendo en la pasividad y la apatía, de que no debemos dejarnos vencer por la rutina.

Habitación

Soñar que entramos o nos encontramos en una habitación o estancia determinada es una predicción simbólica sobre las circunstancias que se nos presentarán en el futuro inmediato. Si en el sueño estamos en una habitación vacía, señala que podremos decidir y disponer nuestras cosas con bastante libertad. Pero si la habitación no tiene puerta ni ventanas, o éstas están clausuradas, advierte que esa libertad no debe llevarnos a posiciones individualistas y egoístas, que acabarían aislándonos en nosotros mismos.

Si la habitación está amueblada y decorada, depende del uso al que esté destinada. Si se trata de un gran salón de lujo, representa que nos veremos abocados a gastos de representación y esfuerzos protocolares para alcanzar con éxito nuestros fines. Si es un salón comedor, indica que tendremos una activa vida social y de negocios que mejorará nuestra situación económica. Si es un dormitorio, en especial si no se trata del nuestro, indica una aventura amorosa. Si se trata de un estudio, biblioteca o cuarto de trabajo, sugiere la necesidad de analizar y consultar nuestros asuntos antes de llevarlos adelante.

Soñar con una habitación ruinosa o de paredes desconchadas augura inconvenientes y obstáculos. Si la puerta o las ventanas están abiertas, podremos evitar esos problemas si cambiamos de enfoque o buscamos otros caminos.

Hada

Los sueños de hadas son más habituales en los niños que en los adultos, y significan la necesidad de cumplir un deseo hasta ahora no realizado.

A veces el hada hace realidad el deseo en el propio sueño, facilitando la interpretación (y, si es posible, su cumplimiento). Si el hada sólo aparece, sin ejecutar ningún sortilegio, habrá que buscar en otros elementos del sueño –o incluso en otros sueños–, el deseo que el soñador desea cumplir. Si se trata de un hada bella y luminosa, augura que muy posiblemente el deseo se verá cumplido. Si es un hada desagradable o de rasgos tenebrosos, señala que es mejor que abandonemos ese deseo, porque acabará resultando perjudicial.

Hambre

Como todos los sueños sobre sensaciones físicas, habrá que asegurarse primero de que no nos hemos acostado con algo de apetito, y el sueño es sólo una reacción del inconsciente ante ese reclamo orgánico.

Si ése no es el caso, soñar que se siente hambre anuncia, contrariamente, una etapa de satisfacción y plenitud. Si el deseo de comer proviene de la contemplación de alimentos inalcanzables, anuncia además un logro importante.

Cuando no somos nosotros los hambrientos, sino una o más personas que nos reclaman alimentos, debemos cuidarnos de no malgastar esfuerzos o dilapidar nuestro dinero con quienes no lo agradecen y se muestran insaciables.

Harapos

Desde las interpretaciones más antiguas, soñar que se viste harapos indica desprendimiento de las cosas materiales en beneficio de los asuntos mentales y espirituales. Si el que sueña es creyente, puede ser un anuncio de revelación o de gran cambio en un sentido místico; si es laico, quizás augure una dedicación plena a la solidaridad con los demás.

Si en el sueño son otras personas las que visten harapos, indica que debemos aprender a ponernos en lugar de los demás y compartir sus vicisitudes.

Harén

Encontrarse en un harén o gineceo es una escena onírica más corriente de lo que pueda pensarse, y alude siempre a nuestras relaciones sentimentales o a nuestra vida sexual.

Por sus propias características, tiene interpretaciones diversas según lo sueñe un hombre o una mujer.

Si un hombre sueña que se encuentra en medio de un harén, indica que disfrutará de agradables «ligues» o amoríos, aunque quizá no esté aún lo bastante maduro para una relación más seria y perdurable.

Si una mujer sueña que forma parte de un harén, representa que se siente segura de su sexualidad, pero teme la competencia de otras mujeres en su vida sentimental.

Hemorragia (véanse *Herida* y *Sangre*)

Herencia

En un sentido literal, soñar que se recibe una herencia es un augurio de imprevista buena suerte. Otras interpretaciones sugieren, también literalmente, que anuncia el logro de un beneficio largamente esperado.

Una lectura más moderna refiere a una cierta inmadurez que nos hace esperar siempre el auxilio o protección de nuestros mayores. En esta línea, soñar que se recibe una herencia indica que a partir de ahora deberemos arreglárnoslas por nosotros mismos.

Herida, heridos

Quizá por la tradición medieval de las sangrías curativas, soñar que se recibe o se tiene una herida es un signo de salud y de liberación de los males de cualquier tipo que nos aquejan. Si en el sueño yacemos heridos, después de una caída o de un combate, indica que para alcanzar esos buenos augurios necesitaremos la ayuda de los demás.

Heridos. Si vemos varios heridos a causa de una catástrofe o una batalla, o nos encontramos ilesos entre ellos, es un indicio de que destacaremos en nuestra profesión o en la vida social.

Hermanos, hermanas

En la simbología onírica, los hermanos o hermanas son como una versión clónica de nosotros mismos, en la que proyectamos nuestras ansias, miedos, frustraciones o ambiciones más secretas. Por tanto debemos interpretar que lo que le ocurre a los hermanos en sueños es una transposición de lo que deseamos o tememos que nos suceda a nosotros.

Si soñamos con un hermano/a de nuestro mismo sexo, esa simbología se refuerza en los aspectos materiales, sociales o laborales. Si quien nos representa en el sueño es un hermano/a del otro sexo, la interpretación debe orientarse hacia nuestras relaciones sentimentales o amorosas sin descartar, según el tema del sueño, nuestras fantasías o impulsos sexuales.

Si quien sueña no tiene hermanos en la vida real y se los «inventa» en un sueño, indica carencias afectivas e inseguridad en su trato con los demás.

Hielo, helarse

La característica del hielo es una dureza que no responde a su naturaleza de agua, y es motivada por un fenómeno externo, como es la baja temperatura. En ese sentido, el soñar con hielo, ya sea en barra o en un paisaje polar, indica que estamos viviendo o vamos a vivir unas circunstancias externas que nos obligarán, y también a otros, a un endurecimiento para poder soportarlas. La advertencia implícita es que no debemos olvidar la verdadera naturaleza que subyace bajo esa actitud circunstancial.

Helarse. Para la interpretación de los sueños en que nos helamos o congelamos, véase *Frío*.

Hierba

Aunque en el lenguaje popular se llama «hierba» a ciertos estupefacientes, aquí nos referimos a la hierba tal cual aparece en la naturaleza. Soñar con un prado de hierba verde y abundante significa que tendremos un descanso o alivio en nuestras tareas y preocupaciones. Si además nos vemos tendidos en la hierba o jugando en ella con otras personas, sugiere que ese alivio nos permitirá tomar unas vacaciones, probablemente para viajar al extranjero.

Si se sueña que se come hierba, advierte que debemos prestar más atención a nuestra salud y llevar una vida más sana.

Hierro, herrería

En la oniromancia tradicional, el hierro representa la fuerza primitiva y ruda, por oposición a metales considerados más nobles. Si soñamos que usamos un objeto de hierro (una espada, una corona, un banco, etc.), a la interpretación principal que indica el propio objeto habrá que añadirle el matiz de rudeza que sugiere ese metal. Si en el sueño el hierro está oxidado y con manchas de orín, señala una debilidad física o material.

Herrería. Si en un sueño vemos un taller de herrería, o nos encontramos en él, augura que tras un laborioso esfuerzo podremos solucionar un problema o doblegar a alguien que se nos opone. Este vaticinio se refuerza si somos nosotros mismos quienes calentamos y moldeamos el hierro.

Higos, higuera

Soñar que se contemplan o se comen higos es signo de prosperidad gracias a un negocio o actividad oportuna. Si vemos que otros los cosechan o los comen, el significado se invierte y tendremos problemas económicos a causa de nuestros socios o compañeros de trabajo.

Higuera. La higuera, al igual que sus frutos, es en principio un augurio de abundancia material. Pero debemos esperar el momento adecuado para obtener ese beneficio, al igual que debe aguardarse el punto de sazón de los frutos de la higuera. Si ésta aparece en el sueño deshojada y sin higos, también se invierte su significado, anunciando pérdidas en nuestro patrimonio.

Hilos

Desde la más remota antigüedad los hilos simbolizan el destino, y también los lazos que nos unen a las cosas o a las personas. Soñar con un hilo largo y bien tensado augura una vida larga, dichosa y saludable. Si el hilo presenta nudos o zonas deshilachadas, indican respectivamente los conflictos y padecimientos que deberemos afrontar. Si cuelga flojo formando un arco, augura una larga enfermedad, tal vez crónica. Si lo que vemos en sueños es un hilo enmarañado, indica que debemos ordenar y orientar mejor nuestra vida; si son varios hilos enredados entre sí, nos advierte que debemos librarnos de quienes nos confunden y traban nuestras posibilidades vitales.

Hogar (véanse *Casa* y/o *Familia*)

Hoguera (véase *Fuego*)

Hojas

Ver en sueños hojas de plantas o árboles remite a una interpretación similar a la ya señalada para Hierba. Pero si las vemos sueltas, desprendidas de su rama, indican que los beneficios augurados serán poco duraderos.

Si las hojas están rotas y/o secas, señalan una oportunidad que puede perderse por causas ajenas a nosotros mismos. Debemos pues vigilar a las personas y circunstancias que nos rodean en ese asunto.

Hombre

Normalmente los hombres aparecen en los sueños con unas características o atributos que los identifican (padre, ladrón, campesino, anciano, soldado, rey, etc.). Pero también se puede soñar con un hombre como tal, genérico, sin otro signo que lo identifique. En ese caso la interpretación depende del sexo de quien sueña.

Si una mujer sueña con un hombre genérico, puede que tenga problemas con un hombre real (padre, novio, jefe, etc.), pero tan reprimidos que no lo reconoce ni siquiera en su inconsciente. Si se asegura de que no es así, indica problemas con el sexo opuesto en general y por tanto con su propia sexualidad.

Si el que sueña es un hombre, vale igualmente la primera interpretación. Pero en la segunda puede indicar temor a la competitividad con otro hombre, así como impulsos homosexuales reprimidos.

Homicidio (véase *Asesinato*)

Hormigas, hormiguero

Las hormigas simbolizan laboriosidad, tenacidad y organización. Si se sueña con ellas, indican que esas virtudes nos ayudarán en el futuro inmediato. Pero si soñamos que invaden nuestra casa o el jardín, auguran un cúmulo de pequeños inconvenientes que pueden llegar a desalentarnos. Si soñamos que las hormigas nos trepan por las piernas y recorren nuestro cuerpo, señalan que esos inconvenientes tendrán relación con nuestra salud.

Hormiguero. Si vemos en sueños uno o más hormigueros, se trata generalmente de una representación del medio o la comunidad en la cual vivimos, e indica en principio que gozaremos de una buena relación con ella. Si en el sueño pisamos y/o destruimos el hormiguero, anuncia algún tipo de conflicto con la sociedad o sus instituciones. Si al pisar el hormiguero las hormigas nos atacan, advierte sobre la posibilidad de contraer una infección por contagio.

Hospital

Contra lo que podría esperarse, soñar que nos encontramos ingresados en un hospital augura buena salud y excelentes relaciones con el entorno y con los demás, que nos socorrerán en nuestras necesidades y preocupaciones. Si quien está ingresado es alguien que conocemos, indica que si nos interesamos más por esa persona y le ofrecemos nuestra ayuda, nos retribuirá de una forma muy generosa y favorable.

Si en el sueño vemos un hospital con uno o más pacientes anónimos, representa que debemos ocuparnos más de nuestros asuntos para evitar problemas. Éstos serán más graves y urgentes cuanto más enfermos veamos o más deterioradas estén las instalaciones donde se encuentran.

Hotel

El hotel simboliza una alternativa a nuestra rutina doméstica y el poder desentenderse de una serie de obligaciones cotidianas. Si soñamos que estamos alojados en un hotel, indica una necesidad de cambio o un deseo oculto de librarnos de ciertas cosas que nos abruman en nuestra vida hogareña o laboral. Es también frecuente que los sueños de hotel tengan un aspecto negativo, como que hemos perdido las maletas o nos han robado algo. Eso puede indicar que el cambio que deseamos ofrece riesgos o incertidumbres que debemos prever.

Huevos

Soñar con huevos de gallina o de otro tipo de ave significa siempre que recibiremos un regalo apreciado o una buena noticia inesperada. Si los huevos aparecen rotos o aplastados, estos beneficios serán menos importantes.

Soñar que comemos huevos augura un largo período de bienestar, sobre todo en los asuntos económicos y materiales.

Humo

Se consideran sueños de humo aquellos en los que el fuego que lo produce no se ve o tiene muy escasa presencia. De lo contrario conviene consultar la entrada Fuego en esta misma obra. Soñar que vemos humo, o una humareda, es siempre advertencia de un peligro por causas desconocidas o que no podemos desentrañar.

Si el humo es débil y de color claro, avisa de un percance o contratiempo que aún podemos evitar si nos esforzamos en ello. Si por el contrario es denso y oscuro, el riesgo es mayor y de más difícil solución, en especial si el humo nos envuelve y nos impide ver a nuestro alrededor.

Huracán (véase *Tormenta*)

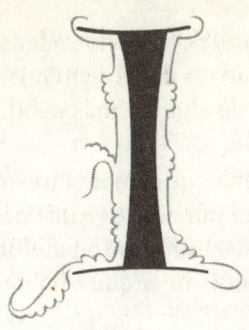

Iglesia

Ver en sueños una iglesia, una capilla o cualquier otro tipo de templo tiene un augurio de elevación espiritual y de profundización en temas morales y mentales. Si entramos en ella o nos encontramos solos en su interior, indica que seremos protegidos y ayudados por alguien superior, probablemente nuestra madre u otra figura femenina. Si nos encontramos con alguien conocido a la puerta de un templo o en su interior, indica que nos unen a esa persona lazos sinceros y perdurables. Si participamos con otros fieles de una ceremonia religiosa, augura que compartiremos en grupo una experiencia espiritual o intelectual muy esencial y profunda.

Incendio (véase *Fuego*)

Incesto

Los sueños de incesto son raros y siempre perturbadores, expresando una seria alteración en nuestros sentimientos o nuestra conducta. Si soñamos que presenciamos un incesto entre hermanos, señala que estamos excesivamente ligados a alguien, de una forma que nos perjudica a ambos.

Si vemos un incesto entre un hijo/a de nuestro mismo sexo y el progenitor del sexo opuesto, indica que nos sentimos demasiado dependientes y débiles ante alguien de ese sexo al que otorgamos demasiado poder sobre nosotros. Si el progenitor incestuoso es de nuestro mismo sexo, indica que estamos abusando de alguien más débil, al punto de humillarlo y escarnecerlo.

Si un varón sueña que comete incesto con su hermana o con su madre, indica inmadurez e insatisfacción sexual en la vida real, quizás hasta un punto patológico. Lo mismo advierte el sueño de una mujer que comete incesto con su hermano o su padre.

Infidelidad

En esta entrada nos referimos a la infidelidad matrimonial o dentro de una pareja sentimental establecida, y no a otro tipo de infidelidades, como a una amistad, a una causa, a una empresa, a la familia, etc. Si se sueña que se es infiel a la pareja, no significa que deseamos serlo realmente, sino que esperamos que constantemente se renueve y nos agrade como la primera vez. Si es nuestra pareja la que nos es infiel en nuestro sueño, indica que estamos seguros de su amor, pero no sabemos cómo corresponderle mejor.

Infierno

Hay sueños, especialmente pesadillas, de los que al despertar podemos decir «era un infierno». Pero eso es una simple comparación o analogía; aquí nos referimos a soñar con el verdadero infierno, tal cual lo describe la Iglesia y los textos sagrados. Soñar, pues, con el infierno es una clara señal de que nos sentimos débiles e impotentes ante nuestros vicios y errores, y tememos recibir un gran castigo por ellos.

Pero el haber estado en el infierno tiene también un sentido purificador, que señala que aún podemos librarnos de esas lacras con el apoyo de nuestros seres queridos y, quizá, buscando ayuda profesional.

Insectos

Se denomina genéricamente «sueños de insectos» a aquellos que incluyen la visión de gran cantidad de estos seres diminutos, de distintas especies o de una indeterminada. En este tipo de sueños los insectos representan a los demás, a la gente que nos rodea. Por tanto, si soñamos que vemos una miríada de insectos a nuestro alrededor, significa que nos sentimos demasiado superiores y desdeñamos o despreciamos a los demás. Si en el sueño pisamos o dispersamos a los insectos, indica que deseamos librarnos de gente que nos molesta y a la que no valoramos. Si los insectos nos atacan, es posible que nuestra conducta despectiva acabe trayéndonos problemas con los demás.

Inundación

Las inundaciones se producen por un exceso o desborde de agua, que es un elemento ligado simbólicamente a nuestro destino personal y equilibrio interior. Si presenciamos una inundación o vemos un terreno anegado, sin que seamos afectados por las aguas, se trata de un aviso de que corremos riesgo de cometer excesos o perder el control de nuestra conducta, especialmente en temas afectivos. Si en el sueño es nuestra casa la que se inunda, sugiere que esa falta de control puede afectar a nuestros bienes, a la armonía familiar o a ambas cosas. No obstante, los sueños de inundación son casi siempre anuncios correctivos, en el sentido de que un cambio en nuestras actitudes y forma de pensar puede evitar los males vaticinados. (véase también *Agua*).

Invierno

Aunque el invierno es tradicionalmente la estación más inhóspita, es también un tiempo de reposo y meditación. Soñar con un paisaje de invierno, estemos o no en él, o con una escena invernal confortable (chimenea, abrigo, nieve tras las ventanas), augura y aconseja una etapa de reflexión y de preparación para los asuntos que nos ocuparán en el futuro (véase también *Frío*).

Invisibilidad

Desde luego no podemos ver lo que es invisible, ni siquiera en sueños. Pero sí puede suceder que en escenas oníricas veamos que algo o alguien de pronto se esfuma, aunque seguimos percibiendo su presencia. Ese elemento invisible, o lo que simboliza en el sueño, es algo que no podemos soportar o cuya presencia en nuestra mente deseamos reprimir.

A partir de esta interpretación básica, y combinando los distintos elementos del sueño y de la situación en vigilia, podremos saber si conviene hacer presente lo invisible o nuestro inconsciente acertó al no querer prestarle atención.

Isla

La simbología más obvia de una isla es la soledad y el aislamiento. Pero en la interpretación de sueños se prefiere optar generalmente por los significados de resguardo y libre albedrío que también sugiere la idea de isla. Así, si soñamos que vemos una isla desde el mar, desde una costa o desde el aire, indica el deseo reprimido de liberarnos de cosas que nos abruman y poder vivir con mayor libertad.

Si en el sueño nos encontramos ya en una isla, augura que esos deseos se verán cumplidos. Pero si la isla está desierta y/o llegamos a ella tras un naufragio, señala que la obtención de esa libertad nos impondrá sacrificios y no nos será fácil acostumbrarnos a la nueva situación.

Jabón, jabonar

Desde luego el jabón es símbolo de higiene, de limpieza, y en ese sentido debe interpretarse su presencia en los sueños. Ver un jabón o agua jabonosa indica por tanto que hay en nuestra vida real algo que debemos limpiar o aclarar. Si tenemos el jabón en las manos, esa higiene mental o vital es urgente e imprescindible.

Jabonar. Si en el sueño jabonamos a alguien, niño o adulto, indica que esa persona nos necesita y podemos ayudarla. Si el enjabonado es un desconocido, señala que nos negamos a oír un reclamo de apoyo o auxilio. Si nos damos jabón a nosotros mismos, indica que debemos esclarecer una situación personal (véase también *Baño* y *Lavar*).

Jardín, jardinería, jardinero

El jardín representa la naturaleza ordenada por el ser humano para su disfrute. Su presencia en los sueños es siempre de buen augurio, ya que vaticina una etapa vital en la que dominaremos nuestras pasiones e instintos en favor de sentimientos más serenos y profundos que alegrarán nuestra vida. Este augurio se hace más fuerte e inmediato si en el sueño nos paseamos por el jardín. Si alguien nos acompaña, esa persona compartirá nuestra felicidad.

Pero si el jardín aparece descuidado y con sus plantas y flores marchitas, advierte que podemos perder lo que más apreciamos por falta de atención y dedicación.

Jardinería. Si en el sueño nos vemos practicando la jardinería, señala que nuestro esfuerzo nos traerá placeres y alegrías, aunque tal vez debamos esperar un tiempo para poder disfrutarlas.

Jardinero. Ver en sueños a un jardinero, sobre todo ocupado en su oficio, indica que alguien con experiencia nos ayudará a mantener nuestra vida en orden y a disfrutar mejor de lo que nos rodea.

Jarra, jarrón

Este tipo de recipientes, destinados a contener líquidos, representan el receptáculo de nuestros sentimientos. Así, si en el sueño aparecen vacíos, es porque necesitamos dedicarnos más a nuestra vida interior y afectiva. Si están colmados, auguran momentos sentimentales plenos y felices. Si se vuelcan o derraman, advierten sobre un impulso excesivamente pasional que puede dañar o alejar a quienes queremos.

Que el recipiente sea transparente es siempre indicio favorable, porque indica que podemos conocer y controlar nuestros sentimientos. Si, por el contrario, es opaco, hay algo que no queremos ver en nuestros impulsos o nuestra vida afectiva.

Jaula

Las jaulas representan generalmente nuestra vida amorosa, o los sentimientos agradables y alegres de los que podemos disfrutar. Una jaula con un pájaro en su interior indica que nuestro amor –o el que encontraremos pronto– es profundo y bien correspondido. Si en el interior de la jaula hay varios pájaros, además de la suerte en el amor nos complaceremos en otras relaciones afectivas sinceras y duraderas. Si la jaula que vemos en sueños está vacía, indica que pronto encontraremos un gran amor, pero también que si tenemos un amor actual podemos perderlo.

Soñar que nosotros mismos estamos encerrados en una jaula tiene un significado similar al de otros sueños de encierro y prisión (véase *Cárcel*).

Jorobado, jorobada, joroba

En la superstición popular tradicional y en la interpretación de los sueños, ver a un jorobado es un excelente vaticinio de buena suerte. Si la persona que lleva la joroba es de nuestro mismo sexo, augura que esa suerte se dará sobre todo en la vida personal y profesional. Si es del sexo opuesto seremos afortunados en el amor, aunque también se beneficiarán todos nuestros asuntos.

Joroba. Si es el que sueña quien lleva la joroba, señala que soportamos una carga que no nos corresponde y que debemos librarnos de ella para poder disfrutar de la buena fortuna que anuncia el sueño.

En la interpretación freudiana la joroba suele interpretarse como una culpa que nos agobia y que nos negamos a reconocer.

Joyas

Las joyas indican lujo y riqueza, pero también ostentación exterior o encubrimiento de nuestra verdadera naturaleza. El sueño de joyas más favorable es el de cuando las vemos en un escaparate o una exhibición, lo que augura éxitos inesperados en el terreno económico y patrimonial. Pero si en el sueño llevamos las joyas encima, y sobre todo si es en exceso, indica que pretendemos aparentar ante los demás, pero también nos engañamos a nosotros mismos.

Si soñamos con alguien conocido que va muy enjoyado, advierte que esa persona no es tal cual parece. Si lleva joyas valiosas y discretas, con moderación, puede sugerir que es alguien que puede ayudarnos a triunfar y ganar dinero, en especial si se trata de un desconocido.

Juego (véase *Apostar*)

Juez

La figura del juez se parece, por su poder sobre nosotros, a la del padre o el jefe, pero está investida de infalibilidad y de un sentido neutral de la justicia. Tanto si en el sueño nos absuelve como si nos condena, representa que nuestro inconsciente «sabe» que su fallo es justo.

Así, si en sueños acudimos al juez en busca de su equidad, ya sea para que se nos dé lo que nos corresponde o para denunciar a quien nos ha hecho un mal, indica que, sea cual sea el asunto, nos asiste la razón y debemos insistir en nuestros reclamos en la vida real.

Si por el contrario somos llevados ante el juez como acusados, señala que nos sabemos culpables en ese asunto y que lo mejor que podemos hacer es reparar el daño antes de que el destino-juez dicte su sentencia.

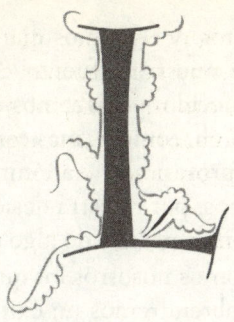

Laberinto

El laberinto tiene siempre un sentido mágico y simbólico, como desafío que pone a prueba nuestra inteligencia e intuición. Pero además representa el desconcierto y el extravío, la confusión de los caminos que elegimos para buscar una salida. Por eso, soñar que vemos un laberinto, de la forma y el material que sea, es un aviso de que podemos perder el rumbo o tomar por sendas equivocadas. Si soñamos que estamos dentro del laberinto, la interpretación depende de la actitud que tengamos en el sueño respecto a él. Si nos sentimos aturdidos y ni siquiera intentamos buscar la forma de salida, o lo hacemos torpemente, sin confianza, y sufrimos repetidos fracasos, eso será lo que nos ocurrirá en la vigilia si no cambiamos esta actitud. Por el contrario, si ponemos todo nuestro esfuerzo en reiniciar una y otra vez distintos recorridos, sin desfallecer, augura que tenemos voluntad y ánimo suficiente para salir de los problemas que nos abruman. No es imprescindible que en el propio sueño encontremos la salida, pero sin duda si esto ocurre es un vaticinio muy favorable de nuestro éxito final.

Ladrón

Soñar que nos asalta un ladrón, o que entra en nuestra casa, significa que no estamos seguros de la forma en que llevamos nuestros asuntos, y tememos que algo o alguien nos arrebate el fruto de nuestro esfuerzo. Si en el sueño el ladrón es alguien conocido, ya sabemos con quién debemos tomar precauciones. Si, como es más corriente, vemos la figura de un ladrón profesional y anónimo, sugiere que somos nosotros mismos, por nuestra desidia o nuestros errores, los que acabaremos perdiendo algo que apreciamos.

Si en el sueño somos nosotros los que encarnamos al ladrón, anuncia que obtendremos un éxito inmediato y fácil, pero por medios no del todo honestos.

Lago, laguna

Como se ha visto en la entrada referida al Agua, todas las aguas tranquilas y límpidas, como suelen ser las de los lagos, anuncian una etapa de serenidad y disfrute de la vida.

Pero si se trata de un lago o laguna de aguas turbias o sucias, advierte que nuestra tranquilidad puede ser poco consistente, o que responde a causas no muy claras.

Cuanto más cerca estemos de la orilla más segura será la interpretación, positiva o negativa.

Lámpara, linterna

La lámpara es un instrumento noble, que nos permite ver en la oscuridad o alumbrar nuestro camino en la noche. Esa virtud hace que su interpretación onírica sea siempre de buen augurio, anunciando que tendremos visión y fuerzas suficientes para resolver nuestros problemas.

Si en el sueño la lámpara está sobre un mueble, o es de las de pie, indica que una nueva luz nos permitirá comprender mejor nuestros conflictos y solucionarlos. Si es una lámpara de techo o una araña, sugiere que conseguiremos esos logros gracias a una súbita comprensión de nuestras limitaciones y trabas, que nos ayudará desde ese momento en adelante.

Linterna. La linterna es una luz dirigida, que apunta a una tarea o empresa concretas. Depende de los otros elementos del sueño y de la realidad de la persona que sueña, interpretar qué asunto se verá beneficiado por este buen augurio.

Látigo (véase *Flagelación*)

Lavarse, lavar

Lavarse las manos y la cara suele denominarse «ablución» cuando tiene un carácter ritual o simbólico. Así, las abluciones matinales son un rito de purificación y de veneración divina entre los musulmanes, y también en el judaísmo. En la misa católica la purificación del cáliz se llama también ablución, y el sacerdote se enjuaga los dedos después de tomar y dar la comunión. Finalmente, no olvidemos el simbolismo romano del gesto de lavarse las manos, con el que Poncio Pilatos indicó que la suerte de Jesús no era asunto suyo.

Todas estas simbologías están presentes en la moderna interpretación de los sueños, más la tradicional recuperada por Freud que indica una culpa o pecado de los que queremos librarnos lavándonos en sueños.

De esta forma, si soñamos que nos lavamos sin estar muy sucios, como un rito o costumbre higiénica, el sueño señala que estamos purificados y preparados para unas experiencias espirituales y/o morales que habrán de sobrevenir. Por el contrario, si nos lavamos las manos, los brazos y/o la cara con esfuerzo, sin lograr arrancar la suciedad, indica que tenemos una culpa que queremos quitarnos de encima.

Finalmente, otra línea tradicional interpreta que si soñamos que nos lavamos detenidamente, con sales o aguas perfumadas, sugiere que nos preparamos para recibir un nuevo amor que se nos presentará según augura el sueño.

Lavar. Si soñamos que lavamos a otra persona conocida, significa que pensamos que no está actuando correctamente y/o que deseamos ayudarle. Si lavamos nuestra ropa, indica un sentimiento de culpa por un hecho muy reciente; y si lavamos otra pertenencia (por ejemplo, el coche) indica que debemos aparecer con buen aspecto para conseguir de los demás algo que nos preocupa.

Leche

La leche, sobre todo si en el sueño la bebemos, tiene una clara significación de abundancia y buena salud. Si la compartimos con otros, indica que además seremos generosos y reconocidos por ello.

Lechuza

Esta ave nocturna es un ancestral símbolo de sabiduría, pero respecto a conocimientos ocultos o directamente mágicos. Soñar con ella anuncia que viviremos algún hecho sorprendente, o incluso sobrenatural, o también que de pronto descubriremos dotes inesperadas en nosotros mismos.

Lenguas extranjeras

Sucede a veces que se sueña que se entienden o hablan lenguas extranjeras sin tener conocimiento de ellas. La teoría de la reencarnación lo explica afirmando que en una vida anterior hemos hablado esa lengua, y aporta casos de «regresiones» en las que el sujeto revive una experiencia de este tipo. En la interpretación de los sueños las lenguas extranjeras tienen dos significados: el deseo inconsciente de apartarse del lugar y la gente que nos rodea, o la imposibilidad de hacernos entender por los demás en un asunto importante.

Si en el sueño hablamos la lengua extranjera con mucha fluidez y en una situación agradable y relajada, predomina el deseo de cambiar de aires y ambientes. Si entendemos con dificultad y apenas balbuceamos la lengua extranjera, ésta toma el lugar de nuestra propia lengua. Es decir, simboliza nuestra dificultad para expresarnos y ser comprendidos. Según la frase popular, «como si habláramos en chino».

León

Resulta casi obvio decir que «el rey de la selva» simboliza la fuerza serena, la majestuosidad y la nobleza de conducta. Soñar con uno o varios leones, en especial si su actitud hacia nosotros es pacífica o incluso cariñosa, indica que una o más de esas virtudes se nos «pegará» en el futuro inmediato para resolver un asunto o situación que nos preocupa.

Si el león o los leones se muestran indiferentes, o sólo los vemos sin estar presentes, indica que deberíamos imitar sus características simbólicas para salir de una situación difícil. Si se muestran agresivos o nos atacan, es que estamos comportándonos mal con alguien fuerte y generoso, a riesgo de agotar su paciencia.

Libros

La interpretación de un sueño de libros depende de la situación del sujeto que sueña y de su relación con los libros en la vida real. Si se trata de alguien que por su profesión o afición trata con libros y los lee asiduamente, puede significar un simple augurio de continuidad normal de sus actividades o, más probablemente, de un «resto diurno» extraído de su vida en vigilia. Esto mismo suele suceder a quien trata con libros excepcionalmente, como un estudiante en exámenes o el que prepara una oposición.

Pero si soñamos con libros sin tener en ese momento frecuentación habitual con ellos, en especial si se trata de una gran biblioteca o un montón abrumador de libros, advierte que necesitamos informarnos y estudiar más un determinado asunto o, en general, tener una actitud intelectual y cultural más inquieta si queremos triunfar en la vida.

Limosna, limosnero

En la interpretación moderna la limosna es un gesto individual que tranquiliza a quien la da, sin solucionar la situación de quien la recibe. Por tanto no debe confundirse con una acción solidaria, una donación o subvención que en verdad responde al propósito serio de resolver un problema. En ese sentido, soñar que se da una limosna debe interpretarse como el deseo de quitarse un peso o culpa de encima sin demasiado esfuerzo ni sacrificio. Si se la damos a alguien que conocemos, indica que no queremos comprometernos realmente con esa persona, y que no le damos lo que merece o lo que le debemos.

Limosnero. Ver la figura de un mendigo o limosnero, como la de un jorobado, es un típico sueño de interpretación contraria, que anuncia buena suerte. Este significado sólo se cumple si en el sueño sólo lo visualizamos, sin tener relación con él, ya sea para darle o no una limosna. Si el que sueña se ve como un limosnero, indica que deberá hacer un esfuerzo, quizá vergonzante o humillante, para acceder a los beneficios que augura el sueño.

Lobo

En la imaginería popular el lobo es la fiera solapada, que aguarda a que sus víctimas estén desprotegidas para atacarlas. En esa línea simbólica, soñar con un lobo puede indicar que tememos que alguien se aproveche de nuestra debilidad o indefensión para hacernos daño. Se trata de un sueño de advertencia, cuyo augurio podemos eludir si reaccionamos apropiadamente. Pero el lobo es también un animal que ataca en grupo cuando la presa es demasiado grande o fuerte para someterla individualmente. Así, si soñamos con una jauría de lobos, indica que recelamos de los que nos rodean en algún ámbito de nuestra vida (familia, amigos, colegas de trabajo, etc.), quizá de forma exagerada o sin datos reales que avalen ese recelo.

Loro

El loro, y sus parientes las cotorras, son aves generalmente vistosas y con fama de charlatanas. Soñar con ellas presagia murmuraciones o cotilleos que, al igual que el habla del loro, sólo repetirán palabras aprendidas y sin fundamento. De todas formas, el sueño nos advierte que nos cuidemos de las habladurías que pueden afectarnos.

Lotería

Es frecuente que quien sueña con un número de lotería corra a comprar el billete respectivo, pensando que es un presagio de que ese número resultará premiado. Pero desde la más remota antigüedad los números tienen una simbología muy complicada, que además responde a distintas operaciones y combinatorias. Aparte de comprar o no el billete, si se desea interpretar correctamente el significado del sueño conviene consultar un buen tratado de numerología, o a un experto en esa ciencia adivinatoria.

Si en el sueño ganamos un premio de la lotería, sugiere que confiamos demasiado en nuestra buena estrella, o que apostamos toda nuestra suerte a una sola opción, sin haber reflexionado sobre cuál es la más conveniente.

Luna

La Luna es el astro del romanticismo por excelencia, protectora de los enamorados y guía de los distintos ciclos de los afectos y sentimientos. Soñar con ella es casi siempre un buen presagio en estos temas, dependiendo de la fase y situación en que visualizamos al astro de la noche en nuestros sueños:

Luna nueva. Pronostica el nacimiento de un nuevo amor, o el comienzo de una fase muy plena y positiva en nuestro amor actual.

Luna creciente. Anuncia buenos momentos en nuestras relaciones amorosas, que profundizarán y consolidarán nuestros sentimientos y los de nuestra pareja.

Luna llena o plenilunio. Augura un momento sublime de amor y comprensión mutua o, si no tenemos pareja, el encuentro con alguien fascinante que quizá sea el gran amor de nuestra vida.

Luna menguante. Advierte sobre un posible desfallecimiento del amor, por rutina o falta de dedicación. Debemos intentar solucionarlo antes del próximo cuarto menguante.

Luna semioculta. Si la Luna aparece semioculta por las nubes, o apenas la vemos entre el follaje u otro obstáculo, significa que algo o alguien amenaza nuestro amor, y debemos prestarle una especial atención.

Luna entre estrellas. Si el astro de la noche aparece reinando entre una miríada de brillantes estrellas, anuncia que nuestro amor dará muy buenos frutos, en especial en relación con la descendencia.

Luto

El luto es un sueño de significado contrario a su simbolismo en la realidad, ya que por lo general anuncia buenos augurios. Ver en sueños a personas enlutadas, ya sea en séquito o reunidas, significa que uno o más de nuestros problemas desaparecerán. Si nos vemos enlutados a nosotros mismos, indica que algo deberemos pagar o dedicar por la solución de esos problemas.

Luz

La luz simboliza una guía o salida para la solución de nuestros problemas, que deberá interpretarse según la circunstancia y los otros elementos del sueño. Si la percibimos muy cercana y brillante, indica un buen momento, o una inesperada ayuda, para hallar una solución casi inmediata. Si la vemos lejana y titilante, augura que aún nos queda un buen camino que recorrer, pero que podremos alcanzar nuestro objetivo.

Soñar con una luz cenital, como un rayo sobre nuestra cabeza, augura una intervención divina o del destino que nos protegerá del mal y nos ayudará a salir adelante.

Llaves, llavero

El poder simbólico de las llaves, que se manifiestan en múltiples tradiciones y figuran incluso en el escudo papal, es el de abrir las puertas del Paraíso o, por extensión, el permitirnos acceder a un plano superior, más sereno y feliz. Pero las llaves también sirven para echar el pestillo y clausurar la entrada a un determinado lugar. De modo que la interpretación depende del uso que hagamos de ellas en el sueño.

Si soñamos que abrimos una puerta que está cerrada con llave, el sueño responde a la interpretación tradicional: llevamos en nosotros la posibilidad de pasar a una situación más plena y feliz, superando nuestros problemas actuales. Si, por el contrario, cerramos una puerta con llave, advierte que deseamos ocultar una parte de nuestra personalidad o de nuestra conducta, incluso ante nosotros mismos.

Cuando en el sueño damos unas llaves a otro, indica que podemos ayudarle a comprender mejor sus problemas para poder solucionarlos. Si recibimos unas llaves de otra persona, anuncia que nos asistirá en la búsqueda de una mejora en nuestra vida.

Llavero. Es bastante habitual soñar que hemos perdido el llavero y no podemos entrar a nuestra casa o abrir el coche. La interpretación tradicional señala que nos sentimos incapaces de afrontar nuestros problemas o de emprender el camino necesario para arreglar nuestros asuntos, o alguno de ellos. En la versión psicoanalítica, esta pérdida suele interpretarse como un sentimiento de impotencia o de miedo a quedarnos solos, sin afecto ni protección.

Llorar

El llanto no expresa sólo tristeza, sino también a veces una incontenible alegría. Tiene asimismo un significado de descarga de sentimientos, cercana a la purificación. Por eso soñar que lloramos augura que podremos manifestarnos y con ello iniciar una nueva etapa vital, más limpia y menos oscura. Si en el sueño son otros los que lloran, indica que destacaremos entre los demás por nuestros propios méritos y acciones, y que podremos brindarles protección y consuelo.

Lluvia

Los sueños de lluvia son bastante habituales y pueden tener diversos significados. En principio, por tratarse de agua, expresan asuntos de sentimientos o auguran algo sobre ellos. Pero la lluvia es también purificadora del aire y de la naturaleza y, sobre todo, el fenómeno que da vida a la vegetación y a los cultivos. La interpretación moderna tiende a reunir estas simbologías en un significado totalizador.

Si soñamos con una lluvia suave y persistente, indica amores y afectos calmados y duraderos. Si es una lluvia intensa y borrascosa, augura sentimientos súbitos y apasionados, pero posiblemente efímeros. Ambas interpretaciones se refuerzan si en el sueño resultamos empapados por el agua de lluvia.

Madera

Soñar con madera está relacionado con el trabajo, ya que simboliza la materia prima. Según el aspecto y la colocación de la madera su simbolismo cambiará. Por ejemplo, si soñamos con ramas secas esparcidas por el suelo, augura una época de penalidades y dificultades económicas. Pero si vemos la madera bien cortada y apilada, ya sea lista para trabajar o para echarla al fuego, simboliza una época de bonanza económica.

Madre

No es muy frecuente entre las personas adultas soñar con nuestra madre, y hacerlo es signo de pasar por momentos de angustia o de dificultad personal. La madre simboliza la seguridad, la estabilidad, el afecto, la protección y también un cierto tipo de control. Por eso soñar con la madre está relacionado con momentos de desconcierto, inseguridad o indecisión. Por ejemplo, soñar que discutimos con nuestra madre o que nos peleamos con ella es signo de añoranza y de necesidad de su consejo o compañía. Y soñar que nuestra madre ha muerto cuando sigue viva es signo de inseguridad y sentimiento de soledad y angustia.

También es posible que soñemos frecuentemente con nuestra madre debido a que su presencia en nuestra vida es muy palpable, y nos sentimos agobiados por su excesivo control. Así, si el sueño se repite varias veces, es debido a este agobio y necesidad de tomar distancia y ganar independencia.

Maestro

Soñar con maestros es un signo de necesidad de consejo y apoyo, por lo que indica un momento de duda o inseguridad.

En cambio si soñamos que somos nosotros los maestros significa un deseo interno de superación y mejora personal.

Magia, mago

Los sueños en los que intervienen magos, o algo sucede por arte de magia, son debidos a una situación de difícil solución, donde desearíamos una intervención divina o mágica que nos arreglara el problema. Quizá más que esperar este tipo de intervenciones, deberíamos estudiar bien la solución para encontrar alguna salida real, sin dejarnos vencer por las dificultades y la angustia.

Maleta (véase *Bagaje*)

Manchas

Las manchas simbolizan la suciedad, y en el mundo de los sueños esto se relaciona con la mala conciencia y la culpabilidad. Por eso, cuando soñamos con manchas es debido a un sentimiento de culpa y una sensación agobiante debida a él. En algunos casos este sentimiento puede estar relacionado con el mundo laboral o el rendimiento personal, o también es frecuente que se asocie a temas de sexualidad, ya que muchas veces las fantasías sexuales comportan un grado de culpabilidad.

Mano

Las manos tienen un gran simbolismo en los sueños, ya que representan nuestro instrumento de trabajo y de acción, un elemento que nos diferencia de los animales; y también tienen un gran simbolismo esotérico, ya que en su palma está escrito nuestro destino.

Por eso en los sueños las manos nos representan a nosotros mismos y a nuestro futuro. Su interpretación siempre depende del contexto del sueño, pero podemos dar algunas indicaciones básicas. Soñarse manco o con las manos atadas es señal de impotencia y de sentimiento de incapacidad. Las manos manchadas son señal de culpabilidad: algún suceso nos agobia y nos hace sentirnos culpables. Soñar que nos miramos las manos es señal de perplejidad: nos sentimos inseguros ante el futuro y nos preocupa su resolución. Tener las manos muy peludas es señal de gran imaginación y creatividad. Soñar que trabajamos con las manos es signo de mucha responsabilidad y que quizás esto nos agobia y nos pesa demasiado.

Colocar las manos juntas es signo de tensión emocional; puede ser debido a sentimientos amorosos o a afectos, o también puede deberse a nuestra propia espiritualidad que nos genera dudas y tensiones. Las manos pulidas y blancas auguran un éxito fácil, y las manos sucias y duras significan trabajo duro.

Mantel

El mantel es un elemento del área de la casa y la familia; por eso representa tanto la parte económica como la doméstica. Un mantel limpio y bien colocado sobre la mesa augura un tiempo de bonanza económica; en cambio, un mantel sucio o arrugado es señal de problemas y discusiones en el ámbito familiar.

Mantequilla

Es una señal de prosperidad; así pues, soñar que comemos mantequilla o que la tenemos en la cocina o la nevera es señal de bienes económicos, y en algunos casos puede representar una ayuda o un bien inesperado que nos será muy útil en ese momento.

Manzana

Ésta es una fruta con una gran simbología debido a su papel en el credo cristiano. Así, la manzana representa los placeres terrenales, y también el saber y la pasión por el conocimiento, ya que Adán y Eva la obtenían del árbol de la ciencia del bien y del mal. En los sueños mantiene ese significado; según el contexto del sueño hará referencia a nuestra ansia de conocimientos, o si no a nuestra necesidad y disfrute de los placeres de la tierra.

Mapa

Soñar con mapas puede tener dos lecturas distintas. El contexto del sueño nos dirá cuál es la correcta. Por una parte el mapa representa la necesidad de orientación y de guía, lo que significa que nos encontramos en un momento de incertidumbre y desorientados, sin saber cómo reaccionar ante determinada situación.

Por otra parte los mapas también representan una necesidad de cambio radical, de tomar otro camino en la vida. El contexto del sueño o nuestra propia situación vital nos indicarán cuál es la interpretación correcta en cada caso.

Máquinas, maquinaria

Las máquinas representan nuestro mundo laboral y negocios; así, si las máquinas funcionan bien y trabajan a buen ritmo es señal de que nuestros asuntos funcionarán bien y obtendremos el resultado deseado. Pero si las máquinas se paran o se estropean, es porque tendremos problemas o dificultades en nuestro negocio.

Mar, océano

El simbolismo del mar está relacionado con el agua y la Luna. El mar también representa el inconsciente colectivo, es decir, todo aquello que hace referencia a nuestros instintos más primitivos y nuestros sentimientos básicos. Por eso una imagen del mar en sueños es una indicación de cómo se encuentra nuestro mundo interior, nuestro inconsciente y nuestros sentimientos de contento o satisfacción más profundos. Soñar que nos caemos al mar es señal de temor a dejarnos llevar por nuestros sentimientos y nuestros instintos; en algunos casos puede reflejar un exceso de racionalidad, falta de espontaneidad y de impulsividad.

Margaritas

Las margaritas representan el amor incipiente: se trata de una relación muy nueva y todavía sin consolidar. Indican un temor o duda ante la viabilidad de esa relación o la sinceridad de ese sentimiento. El típico acto de deshojar una margarita para saber si el ser amado nos quiere es un signo de inseguridad o duda de sus sentimientos. En el caso de los sueños puede hacer referencia a los sentimientos de nuestra pareja tanto como a los nuestros propios, ya que es posible que nos estemos engañando o dejándonos llevar por la situación. Conviene analizar realmente lo que sentimos.

Mariposa

En los sueños la mariposa puede tener varios significados distintos, relacionados con la ligereza y superficialidad, o si no con el cambio y la evolución de gusano a mariposa. Nuestra situación personal y el contexto del sueño nos dirán qué interpretación es la válida.

Si se trata de ligereza puede referirse a nuestras relaciones personales y la falta de sinceridad o de profundización, así como a las cuestiones laborales y de negocios, donde la ligereza se refleja en una falta de responsabilidad y previsión que nos pueden causar problemas.

En algunos casos el color de la mariposa nos puede indicar la naturaleza de nuestra frivolidad: así, una mariposa blanca o amarilla indica ignorancia, roja es señal de impulsividad y falta de paciencia, azul es exceso de fantasía y negra es falta de análisis y estudio.

Si lo que soñamos es una mariposa que sale de su crisálida, significa que se aproxima una época de cambios y transformaciones, ya sea en el ámbito material y real o en el plano personal y espiritual.

Máscara

Este elemento está directamente relacionado con las caretas y el carnaval, por lo que su significado es el mismo. Indica falta de sinceridad y ocultación por parte de la persona que lleva la máscara.

Pero en este caso también hay que tener en cuenta el aspecto de la máscara y su decoración, ya que nos puede dar algún indicio sobre el tipo de hipocresía o el engaño que nos cuesta tanto ver.

Matar

En los sueños matar a alguien no tiene un significado tan cruel como en la realidad. Significa que nos sentimos oprimidos o controlados excesivamente por esa persona y deseamos hacerla desaparecer, que deje de intervenir en nuestros asuntos. El significado del sueño cambia si en vez de matar a alguien los muertos somos nosotros, ya que entonces toma el significado de muerte. Si vemos a otras personas matándose entre ellas indica distanciamiento y perplejidad, y que nos sentimos muy alejados de esas personas.

Matrimonio

En todas las personas existe una dualidad de principios como masculino-femenino, actividad-pasividad, consciente-inconsciente, etc. En los sueños el matrimonio representa la necesidad de encontrar un complemento, algo que equilibre nuestra dualidad. Así como en la vida es frecuente hablar de la pareja como nuestra «media naranja» o «la otra mitad», en los sueños el matrimonio representa ese sentimiento de incompleto, de falta. Por eso los sueños de matrimonio, más que con sentimientos afectuosos o el amor, se relacionan con una necesidad de equilibrio, de estabilidad personal. Por eso también es frecuente que personas que ya están casadas sueñen que se casan otra vez, lo que no significa problemas de pareja, sino más bien dudas o dificultades personales.

Medias

Son un elemento relacionado con el bienestar económico, por lo que se interpretan como el augurio de bienes materiales. Por eso soñar con medias, que las compramos, nos las ponemos, las lavamos, etc., es señal de bonanza económica. Pero si las medias tienen carreras o agujeros es señal de necesidades y problemas económicos. Quitarse las medias es señal de un cambio de situación material.

Medicamentos, médico

En el mundo de los sueños los medicamentos representan la ayuda externa, pero pueden hacer referencia tanto a un aspecto físico o material como al plano de lo personal y lo espiritual. Por eso si soñamos que compramos medicamentos es señal de que necesitamos ayuda y estamos intentando pedirla; y si soñamos que tomamos medicamentos es porque ya estamos recibiendo esa ayuda de parte de alguna persona.

Médico. El médico tiene el mismo significado que los medicamentos, ya que es la persona que nos ayuda, y se mantiene el simbolismo en los sueños en los que vamos al médico o nos visita en casa. Si somos nosotros lo que somos el médico en el sueño es porque alguien necesita nuestra ayuda y debemos averiguar quién es.

Melocotones, melocotonero

Los melocotones y su árbol se relacionan con el amor y la sexualidad, ya que muchas veces se han usado los melocotones como metáfora de los pechos femeninos. Por eso soñar con este árbol o con sus frutos es señal de bienestar y felicidad en pareja. Significa el amor y la felicidad completos; y si estamos solteros es el augurio de la llegada del amor en un breve plazo de tiempo.

Mendigo, mendigar

Se trata de un mal presagio, ya que soñar con mendigos siempre es un mal augurio. Si soñamos que damos limosna a un mendigo es señal de desengaños y desilusiones; si no le damos limosna augura dificultades económicas y pérdidas, y si somos nosotros los que mendigamos, también significa penurias económicas y problemas materiales.

Mercado

El mercado siempre es un símbolo de prosperidad y bienes materiales. Por eso si buscamos y miramos los productos expuestos es señal de buscar medios para realizar nuestros proyectos o planes; si sólo vemos un mercado a lo lejos es porque se acerca un período de dificultades económicas; pero si nos acercamos y compramos cosas en el mercado es señal de prosperidad. También es posible que el mercado sea muy intrincado y con muchas paradas y callejuelas, recordando un bazar, donde es muy fácil perderse y sentirse desconcertado. Este sueño simboliza una necesidad de buscar la seguridad y la estabilidad en los bienes económicos, cuando quizás encontremos lo que necesitamos en nuestro interior.

Mesa

En nuestra cultura y nuestra sociedad la mesa es un elemento de relación social y familiar, ya que es frecuente reunirse para comer con los seres queridos, los conocidos o por negocios. Y en la mesa es donde se habla y se discute, por lo que es un factor de comunicación.

Por eso soñar con una mesa bien dispuesta es señal de una vida familiar y unas amistades muy unidas; también la cantidad de comida y su calidad nos indican sobre nuestra situación económica. Una mesa con comida abundante y rica es señal de bonanza, mientras que una mesa pobre y escasa es señal de problemas materiales. También la disposición y forma de la mesa nos muestra nuestra jerarquía interior y nuestra visión de los roles familiares o sociales.

Si la mesa se rompe, o si todo el mundo se disgrega y se va, es símbolo de problemas familiares o discusiones.

Miedos

Soñar con cosas que nos dan miedo o con temas de terror, o tener pesadillas, es una transposición de miedos reales al mundo de los sueños y del inconsciente. Si soñamos con cosas terroríficas o tenemos pesadillas es debido a que algo nos asusta en la vida real y no podemos asumirlo o aceptarlo, por lo que nuestro temor aparece en los sueños. Por eso es conveniente analizar nuestra vida en ese momento para descubrir qué situación nos puede haber causado ese temor. Hay que dejar claro que, aunque en el mundo de los sueños los terrores son terribles y generalmente del mundo de la fantasía y la imaginación, pueden hacer referencia a temores reales muy simples o cotidianos como problemas laborales o económicos, o dificultades o cuestiones personales.

Millonario

Es común soñar con millonarios o que nos convertimos en millonarios cuando nuestra situación real es totalmente contraria, es decir, cuando pasamos por dificultades económicas. En este caso el sueño refleja nuestra preocupación por el tema económico y nuestra ambición de salir de la situación actual.

Mina

Las minas se asocian generalmente a elementos de riqueza, ya sea metales y minerales necesarios para la industria y el progreso como si se trata de metales y piedras preciosas. Por eso soñar con minas es señal de que hallaremos nuestra riqueza, aunque no siempre se refiera a bienes económicos: puede ser cosas materiales, o amistades y contactos, o conocimientos y descubrimientos. En cualquier caso las minas auguran beneficios y provechos.

Monedas

Como en el caso del dinero, las monedas tienen un simbolismo contrario a la realidad; así, contar monedas es señal de dificultades económicas, y perderlas es señal de beneficios.

Encontrar monedas en el suelo es signo de deseo de emprender nuevos negocios o proyectos que pueden ser lucrativos.

Mono

Para la gente que desconoce las cualidades de estos animales, se trata de un ser inferior al hombre, que representa sus defectos e imperfecciones. Es común utilizar la palabra mono como un insulto. Pero si observamos a estos animales detenidamente veremos que son seres muy inteligentes, que saben adaptarse perfectamente a su medio y que poseen grandes cualidades como la agilidad, la cooperación y la viveza. En muchas culturas los monos representan dioses o demonios, lo que nos da una muestra de su valor simbólico.

Soñar con monos es un signo de una necesidad de superación, una llamada a elevarnos y mejorarnos, sin distanciarnos de la naturaleza y de nuestras cualidades naturales.

Montaña

El simbolismo de la montaña es claro, ya que representa un deseo de superación, de elevación, y al mismo tiempo las dificultades y contrariedades para hacerlo y conseguirlo. Así, soñar con una montaña indica un deseo de mejora tanto personal como materialmente, pero que implica dificultades y obstáculos. Los objetos y personas que encontremos en la montaña y su actitud hacia nosotros nos darán la clave del tipo de obstáculos y de ayudas que recibiremos en nuestro camino.

Moscas, mosquitos

Estos insectos simbolizan a las personas insidiosas y molestas que se inmiscuyen en nuestros asuntos. Por eso, si soñamos que matamos moscas es un deseo de alejarnos o deshacernos de estas personas o de su influencia. Si soñamos con mosquitos nos avisa sobre el peligro de las personas desconocidas que interfieren en nuestros asuntos y que intentan controlar nuestra vida.

Motocicletas

Se trata de un medio de transporte, lo que significa que su simbolismo está relacionado con nuestro camino en la vida. La motocicleta es un transporte con la potencia del automóvil, pero con la agilidad de la bicicleta, por lo que se encuentra a medio camino entre estos dos medios de transporte.

Además la motocicleta tiene connotaciones de juventud, rebeldía y libertad, por lo que estos conceptos marcarán nuestro camino. También se trata de un medio de transporte muy peligroso, por lo que deberemos ser precavidos y no arriesgarnos innecesariamente.

Mudanza

El simbolismo de este sueño es muy directo, ya que augura cambios en nuestra vida. La calidad e importancia de los cambios depende del contexto del sueño. Por ejemplo, hay que tener en cuenta si se trata de un cambio dentro de la misma casa, o un cambio de piso en la misma cuidad, un traspaso a otra localidad o incluso a otro país o a algún lugar lejano.

Muebles

Los muebles simbolizan nuestra vida doméstica y las relaciones que mantenemos con nuestra familia y allegados. El simbolismo de cada mueble se relaciona con su función en la vida diaria; así, como hemos visto antes, la mesa simboliza las relaciones y la comunicación, la cama la vida en pareja, los armarios nuestras posesiones y bienes, etc. Si en nuestros sueños sólo vemos los muebles significa que ese aspecto nos preocupa o nos interesa de alguna manera especial en ese momento de nuestra vida. También es frecuente soñar que los muebles se destruyen, se rompen o se queman, lo que significa problemas y dificultades. Si lo que se destruye son muebles en general, sin especificar de qué tipo, es porque se aproximan discusiones y problemas familiares.

Muérdago

Esta planta tiene una gran simbología desde tiempos antiguos, y que todavía hoy conserva, ya que es una tradición utilizar muérdago para decorar las casas en Navidad. En la mitología griega y romana el muérdago era una protección contra las fuerzas infernales y los poderes ocultos. Por ese motivo esta planta conserva su poder de protección en el mundo de los sueños; así, soñar con muérdago es un buen presagio y una señal de que nos irán bien las cosas.

Muerte

Antes que nada hay que aclarar que soñar que alguien se muere no es una premonición de ningún tipo de acontecimiento futuro, o sea, que no significa que nadie vaya a morir. En los sueños la muerte está más relacionada con el alejamiento y la desaparición que con la muerte física en sí. Así, se puede tratar de alguna persona, relación, amistad o asunto que está llegando a su fin o del cual nos estamos distanciando, por ello se nos aparece la muerte de forma metafórica, para demostrarnos que nuestros sentimientos hacia esa cuestión son muy fríos. Es muy común que la gente de más edad sueñe con más frecuencia con la muerte, ya sea la propia o la de sus amistades. Tampoco en este caso se trata de una premonición, sino más bien de un mecanismo psicológico para aceptar la muerte.

Muertos

A veces soñamos con personas o seres queridos que han muerto hace tiempo. Este tipo de sueño refleja una añoranza que puede ser de esa persona concreta o de lo que representa. Por ejemplo, podemos soñar con nuestros abuelos aunque hayan muerto hace tiempo: este sueño hace referencia a nuestra infancia y juventud, y añoramos esa época de nuestra vida. En general también puede decirse que estos sueños comportan un grado de insatisfacción y descontento con la situación actual.

Otro tipo de sueños sobre muertos es aquel en el que se nos aparece un difunto desconocido y nos acusa de algo; en este caso el muerto se nos muestra terrible y amenazador. Desde la Antigüedad se ha relacionado a los muertos con el conocimiento y la sabiduría oculta, y todavía existe la creencia de que se los puede consultar y preguntar. Este sueño se relaciona con esa suposición, ya que se trata del reflejo de un sentimiento de culpabilidad por algo que hemos hecho y nos sentimos mal por ello; por eso los difuntos, que saben todos los secretos, nos acusan y nos delatan.

Mujer

Soñar con mujeres tiene un significado distinto según el sexo de la persona que lo sueña y el contexto del sueño. Así, si una mujer sueña con otra mujer, que en muchos casos será una desconocida, se trata de un reflejo de sus ambiciones e ideales. Esa mujer de los sueños representa sus aspiraciones y una especie de modelo. En cambio, si el que sueña es un hombre, se puede interpretar de diversas maneras. Se puede tratar de un sueño de carácter sexual, si aparece una atracción y una cierta excitación en el soñador, pero este caso no es el más frecuente. Una mujer también puede simbolizar los deseos y ambiciones del hombre, no como ideal a imitar, sino como un bien deseado como posesión, pero más con una finalidad social y de posición que en un sentido de sexualidad.

También son comunes los sueños con mujeres desnudas, que en algunos casos mantienen el significado que en el caso de la mujer mencionado anteriormente. Pero en el caso de mujeres que sueñan con mujeres desnudas, no se trata de una homosexualidad encubierta, sino más bien de una cuestión de narcisismo, un deseo de ser y sentirse hermosas y ser admiradas y amadas.

Muletas

Soñar que usamos muletas cuando en realidad no las necesitamos, refleja inseguridad y necesidad de ayuda. Las muletas hacen referencia al apoyo moral, al compañerismo y a los consejos, más que a una debilidad física. Se trata de un momento de inseguridad y duda en el que nos sentimos necesitados y desprotegidos. Se puede dar el caso de que soñemos que dejamos de usar las muletas, en este caso es un augurio de que estamos dejando atrás esta etapa y pronto nos sentiremos mejor y más fortalecidos.

Si soñamos que es otra persona la que usa las muletas sin necesitarlas, es porque percibimos de alguna manera su debilidad y su necesidad de nuestra ayuda y apoyo, que es lo que debemos darle.

Muñecas

Soñar con muñecas indica un grado de soledad y de incomunicación. También hace referencia a un deseo de volver a la niñez y abandonar las obligaciones y responsabilidades de la vida adulta. Todo esto indica un período de depresión o angustia por la realidad, un agobio ante las preocupaciones y un deseo de escapar, de sentirse protegido y a salvo.

Muralla, muro

El significado de este sueño cambia según nuestra posición respecto al muro, o sea, si estamos fuera o dentro de la muralla. Si estamos fuera de la muralla se trata de un problema u obstáculo que hay que solventar para seguir adelante. Aquí puede suceder que nos paremos ante el muro, que lo saltemos o que lo derribemos. En los dos últimos casos significa que conseguiremos solucionar los problemas de una manera airosa, pero en cambio en el primer caso se trata de obstáculos más serios y de difícil solución.

Si nos encontramos dentro de la muralla, se trata de una protección de una envoltura que tanto nos mantiene a salvo como nos aísla. Se trata de un sueño que revela una necesidad de sentirse protegido y a salvo, lo que comporta un sentimiento de inseguridad en la vida real.

Murciélago

Estos animales simbolizan la noche y la oscuridad, y aunque no se relacionan de una forma directa con la simbología negativa, sí que se consideran de mal agüero. Soñar con murciélagos es señal de malas noticias, de sorpresas desagradables y problemas inesperados.

Música

Soñar con música es señal de tranquilidad y felicidad; se ha alcanzado la estabilidad y la serenidad, por lo que es un buen augurio. Según la mitología oriental, cuando se alcanza la beatitud sólo se sueña con música. Esto significa que ningún problema o sentimiento nos enturbia el pensamiento y el inconsciente, por lo que nada perturba nuestros sueños.

Nacimiento

Este tipo de sueños no se refieren al acto físico de parir, sino más bien al contexto y a la noticia del nacimiento. Así, siempre está acompañado de alegría, felicidad y celebración por lo que es un sueño de buen presagio. El simbolismo del sueño es referirse a algo que está naciendo o surgiendo en nuestra vida, ya sea una amistad, un amor, una relación, un trabajo, una idea, un proyecto, etc.

Nadar

En el mundo de los sueños el agua y el mar representan el ámbito de lo inconsciente, o sea, las pasiones y los instintos menos reconocibles. En este caso nadar representa cómo nos desenvolvemos en ese ámbito, sobre todo en lo referido a las grandes pasiones del ser humano, que son el amor y la ambición. Nuestra situación personal nos dirá a cuál de esas dos pasiones hace referencia el sueño.

Si nadamos bien tranquilos y sin dificultad, es porque nos sentimos cómodos y relajados en el mundo inconsciente porque hemos conseguido un equilibrio.

Pero si nos ahogamos o estamos muy cansados y nunca conseguimos llegar a la orilla, es porque estos sentimientos son muy fuertes y nos controlan e invaden el resto de las facetas de nuestra vida.

Naipes

En los sueños los naipes presagian pérdidas económicas y decepciones. Generalmente todos los juegos de azar que aparecen en nuestros sueños tienen un significado semejante de pérdida, ya sea en lo material o en lo personal por perder una amistad, un amor, etc. En este caso se trata de una cuestión que no hemos sabido prevenir y evitar, nos hemos dejado arrastrar por los acontecimientos, llegando al final mal parados.

Naranja, naranjo

Este árbol frutal hace referencia a los sentimientos y al amor. Soñar con un naranjo, ya sea en flor o lleno de frutos, es señal de un amor que se aproxima. Si está florido se trata de un amor romántico y dulce, si tiene frutos es un amor apasionado.

Si vemos el árbol en mal estado o con los frutos podridos es porque hemos dejado escapar una oportunidad de disfrutar del amor.

Naufragio

Se trata de un mal presagio, ya que simboliza hundimientos y pérdidas. Puede hacer referencia al amor, la amistad, el trabajo o los negocios, pero implica sentimientos de decepción y tristeza.

Navaja

Hay que distinguir entre la navaja como arma y la navaja como un instrumento para afeitarse. Como arma tiene siempre un carácter negativo, pues, como todos estos elementos, implica violencia y agresividad. La navaja en concreto se refiere a las disputas de pareja y matrimoniales, las discusiones o problemas, ya sea con amigos o en el trabajo, y las diferencias de opinión. Como instrumento para afeitarse significa un deseo de superación y de mejora. Deseamos enfrentarnos a los hechos de una forma más positiva, con más energía y dinamismo. También en algunos casos, según el contexto del sueño, puede referirse a temores de falta de virilidad.

Nido

La simbología del nido es clara, ya que hace referencia a las cuestiones domésticas y del hogar. Así, un nido lleno en los sueños es señal de buenas relaciones familiares y sentimientos de satisfacción por las personas que nos rodean. Un nido vacío indica soledad y falta de comunicación, nos sentimos poco acompañados por nuestros seres queridos. Otro sueño posible es que alguien o algo robe el nido o lo amenace, lo que implica temores y un sentimiento de inseguridad respecto a los afectos y las emociones en nuestro seno familiar.

Niebla

Soñar con la niebla puede tener distintos significados que nuestros sentimientos o el contexto del sueño nos pueden aclarar. Puede ser reflejo de un sentimiento de confusión e incertidumbre, que sería la interpretación más clásica de la niebla como elemento que confunde y tapa la visión de nuestro entorno. Esta interpretación sería clara en el caso de sentirnos perdidos en la niebla o de buscar algún objeto en ella. Después también puede referirse a una situación de cambio, donde esta nueva postura es percibida o intuida de alguna manera, pero todavía no está definida. Algo está cambiando pero no sabemos hacia dónde.

La niebla también puede servir para ocultarnos, o porque deseamos ocultar alguna cosa.

Nieve

Este elemento en pequeñas cantidades indica abundancia de bienes y prosperidad. Si soñamos con un hermoso paisaje nevado hace referencia a esta interpretación. El caso es distinto si nos soñamos a nosotros en medio de la nieve árida y fría, perdidos en una montaña o en un glaciar. En este caso la nieve significa frío y soledad. Este sueño puede ser debido a un sentimiento de soledad y tristeza que nos hace sentir frío e inmovilidad.

Niño

Aquí hay que hacer una diferencia entre los sueños con niños recién nacidos y los sueños de la infancia.

Soñar con un recién nacido simboliza una vida que comienza, con todo el futuro por delante y todavía sin desarrollar. Suele referirse a cuestiones personales, ya sean sentimientos o emociones así como cambios en la personalidad; adquirir madurez, serenidad o un mayor conocimiento de nuestro propio yo, etc.

En cambio, los sueños donde aparecen niños en edad infantil hacen referencia a una añoranza y nostalgia de nuestra propia infancia. En muchos casos no se trata de una infancia real, sino idealizada desde nuestra visión adulta. Se suele relacionar la infancia con una época sin preocupaciones ni responsabilidades, pero cuando pensamos en nuestros recuerdos reales de nuestra propia infancia vemos que no es así. Los niños tienen preocupaciones y angustias; aunque los temas sean distintos de los adultos y nos puedan parecer más triviales, para ellos son muy importantes y graves.

Así, soñar con una infancia idealizada es señal de sentir demasiadas presiones y agobios en nuestra vida real que se materializan en un deseo de escapar y huir hacia otro momento mejor.

Noche

En el esoterismo la noche tiene un doble valor: por una parte es negativa al ser el final del día, pero por otra es positiva al ser también el germen del amanecer. La noche positiva se representa en los sueños por la aparición de la Luna, símbolo benéfico que augura bienes y protección, además de ser el motivo de los enamorados.

La noche cerrada y oscura es símbolo de los terrores y miedos, las fuerzas ocultas y lo desconocido. Cuando se sueña con estos aspectos negativos de la noche deja un sentimiento de desasosiego y simboliza un período de preocupaciones y angustias, tristeza y melancolía. También señala indecisiones, temores, miedos y peligros.

Nubes

En el mundo de los sueños las nubes representan nuestro pasado. Esto puede tener un lado positivo y otro negativo. La parte negativa es cuando las nubes cubren totalmente el cielo y nos impiden ver la luz, lo cual significa que nuestras acciones y errores del pasado nos impiden movernos y avanzar hacia el futuro. La parte positiva es que las nubes están llenas de gotas de agua, y estas gotas pueden caer y mojar y regar la tierra, lo que significa que nuestras acciones pasadas se verán recompensadas en un futuro.

Hay que tener en cuenta también el color y espesor de las nubes, ya que las nubes densas y oscuras presagian malos tiempos, pero en cambio si son livianas y dejan pasar la luz solar es porque las dificultades serán pasajeras.

Nudo

Nudo tiene el mismo significado que atar, y es el de unir las cosas. Por eso los nudos son muy utilizados en los hechizos y en la magia en general. Pero un nudo puede estar dentro de una sola cuerda, es decir, que no ata nada. Sólo es un nudo en sí mismo. Aquí mantiene el mismo significado, pero hace referencia a que nos sentimos atados a nosotros mismos. Es decir, estamos ligados a algún aspecto de nuestra personalidad que desearíamos cambiar, pero no nos vemos capaces de hacerlo. Nos sentimos atados a esas cualidades negativas de las que no nos podemos separar.

Nuez

La nuez representa los logros que podamos conseguir. Mantiene su significado de apariencia dura, pero sabor agradable y dulce. En los sueños representa logros que podremos conseguir con esfuerzo, pero que serán muy gratificantes después. Así, por ejemplo, soñar que recogemos nueces es señal de una relación de pareja agradable y feliz; y soñar que abrimos una nuez es símbolo de éxitos laborales, cuyo esfuerzo estará en relación con la dificultad que encontremos en abrir el fruto.

Números

Es una creencia popular pensar que si soñamos con un número concreto es señal de que tendremos éxito jugando a ese número en los juegos de azar como la lotería. Esta creencia no se ha visto confirmada ni desmentida por la realidad, ya que a veces se cumple y otras no.

El significado de los números es muy complejo y existe ya la ciencia de la numerología dedicada a esta especialidad. Por eso analizar el significado de los números en los sueños es muy difícil y elaborado.

Oasis

Soñar con un oasis en medio del desierto tiene la misma simbología que en la realidad: es una luz de esperanza. Si estamos en un momento de dificultades o contratiempos y soñamos que visitamos un oasis es señal de que pronto terminarán estos momentos difíciles y estaremos en una época de paz y tranquilidad. Si lo que soñamos es que vemos el oasis a lo lejos, es porque se acerca el momento de tranquilidad, pero tardará más en llegar.

En cambio, si soñamos que estamos perdidos en el desierto buscando un oasis sin encontrarlo, es señal de que buscamos una salida a la situación en que estamos, pero no la hallaremos fácilmente, quizá porque estamos buscando por el camino equivocado.

Ocas

Estos animales tienen diversos significados en los sueños, pero siempre están relacionados con el amor y la felicidad en pareja. Así, si soñamos que vemos una oca es señal de bienestar en pareja, si la soñamos nadando es felicidad conyugal, y si la comemos es abundancia y alegría. En cambio, si en vez de verla soñamos con su graznido es porque se acerca algún tipo de peligro. Indirectamente relacionado con este tema está el juego de la oca, que tiene un significado distinto, ya que se entronca con el destino y el futuro. El contexto del sueño y la evolución de nuestro juego nos darán las claves para interpretar este sueño.

Odre

No es habitual soñar con odres, ya que no son elementos que formen parte de nuestra vida cotidiana. Las referencias que tenemos de ellos son por la literatura o el cine, o por las historias de nuestros mayores. El odre es el recipiente donde se guarda el vino, por eso está relacionado con los bienes y con el disfrute. Si los odres están llenos es señal de que tendremos bienes y los podremos disfrutar, pero si están vacíos es porque se acerca una época de penurias.

Ojos

Los ojos son el órgano de la vista y lo que utilizamos para mirar, por tanto en el mundo de los sueños simbolizan la luz y el conocimiento. No es común soñar con ojos sueltos, pero sí lo es más soñar que tenemos algún tipo de problema en la vista o que nos miran fijamente.

El hecho de no ver claro en los sueños, o de quedarnos ciegos o con los ojos vendados, demuestra una dificultad para enfrentarse a alguna cuestión de la vida real. No queremos mirar o ver algún aspecto de nuestra realidad y por eso nos soñamos ciegos.

Si soñamos que visitamos al oculista es porque necesitamos algún tipo de ayuda o consejo. Como en el caso del médico, el oculista representa a alguien que nos puede ayudar.

Olas

Como en el caso del mar, las olas simbolizan nuestro inconsciente, en este caso la fuerza que tiene en nuestra naturaleza y en nuestra vida. Así, si soñamos que las olas son grandes y tormentosas es señal de que nos dejamos arrastrar por nuestro inconsciente y que no tenemos ningún tipo de control sobre nuestras pasiones, sobre todo las que se refieren al amor (amor, pasión celos, venganza) y las que se relacionan con la ambición.

Si en los sueños nos dejamos mecer suavemente por las olas, es porque dejamos que los acontecimientos y las emociones nos lleven, sin intervenir. Así nuestros actos y sus consecuencias están causados por nuestras emociones, y esto nos crea menos conflictos, pero también nos deja menos margen de acción.

En el caso de que nos sintamos capaces de andar sobre las aguas es señal de una gran confianza en nuestra capacidad, casi nos creemos omnipotentes.

Olivo

Este árbol tiene una gran simbología. El olivo representa la paz y la esperanza, ya que la paloma de Noé llevaba una rama de olivo en el pico como señal de que había encontrado tierra firme. También el olivo era utilizado para coronar a los campeones en la Antigüedad. Por eso soñar con el olivo representa triunfo, paz, victoria, recompensa, felicidad, etc.

El fruto, la oliva, y el aceite tienen el significado de bienes y de abundancia.

Ollas

Las ollas forman parte del menaje de la cocina, por lo que se relacionan con el hogar y la vida doméstica. No es frecuente soñar con ollas, y si se hace es con motivos desagradables como que se cuecen cosas extrañas y malolientes. Esto significa un temor al compromiso de la vida en pareja; y si ya se está conviviendo es porque se ha generado un mal ambiente con conflictos y discusiones.

Operación

En la realidad una operación es un mal trance para superar un dolor o una enfermedad, y es necesario someterse a una intervención drástica para mejorar. En el mundo de los sueños la operación hace referencia a nuestra aceptación e introspección de los acontecimientos de la vida cotidiana. Soñar con una operación es señal de que hace falta una drástica intervención para solucionar una cuestión o un problema.

Es frecuente soñar que nos operan, pero sin saber bien por qué motivo; esto es porque sabemos que hay algo en la realidad que no hemos asumido y trae conflictos, pero todavía no tenemos claro qué es. En cambio, si sabemos claramente qué mal padecemos esto nos puede dar una pista sobre qué faceta de nuestra vida está sin resolver. Por ejemplo, el corazón se refiere a asuntos amorosos, las manos a los laborales, el cerebro es la parte creativa y racional, el estómago las relaciones familiares, etc.

Orejas

Las orejas son un órgano de comunicación junto con la boca, pero en este caso se trata de oír, que es un acto pasivo respecto a hablar. Por eso las orejas simbolizan las relaciones y la dependencia. En el mundo de los sueños las orejas representan a nuestra persona más querida, ya sea alguien de la familia o nuestra pareja; su forma y apariencia nos indicarán cómo es nuestra relación con esa persona. Una oreja hermosa y bien formada es señal de buena relación, armoniosa y apacible; en cambio, una oreja mal formada o sucia es porque la relación pasará por conflictos y problemas. Si en el sueño nos vemos intentando ocultar nuestras propias orejas, ya sea con el pelo o con un sombrero, es porque tememos establecer un compromiso y una relación seria y estable, por la dependencia que esto comporta respecto a la otra persona.

Orgías

Soñar con orgías y bacanales, fiestas donde interviene el sexo, el alcohol y la comida, es señal de insatisfacción sexual. Puede demostrar un exceso de represión de nuestros deseos o una falta de aceptación de nuestras tendencias sexuales. Si este tipo de sueños se repite debemos plantearnos nuestras dificultades y represiones para satisfacer los deseos.

Orientación

Como en el caso de la encrucijada cuando nos planteamos problemas de orientación o de decidir un camino, se trata en realidad de escoger un camino vital, una forma de vida, y de tomar una decisión.

Es común en los sueños que nos sintamos desorientados momentáneamente y miremos algún punto como el reloj, el cielo o una brújula para orientarnos. En ese momento el camino que elijamos nos dirá mucho sobre nuestras decisiones en la vida real.

Los puntos cardinales y por tanto la orientación funcionan por un sistema de oposiciones: este es opuesto a oeste y norte a sur. La simbología de estos signos es bastante clara. El este es por donde sale el Sol y por tanto simboliza el renacimiento, la renovación, la novedad, el principio. En cambio, el oeste es el ocaso, el final, la muerte, lo acabado. En el caso del norte y el sur, su interpretación es más variable, pero se puede aceptar la que relaciona el norte con la altitud, el cielo, los dioses, etc., y el sur con lo de abajo, los infiernos y lo terrenal.

Así, según el camino que decidamos tomar en el sueño, ésa será nuestra resolución en la vida diaria. El sueño puede hacer referencia a un problema concreto, a alguna cuestión que en ese momento nos preocupe; o puede tener un significado más amplio y referirse a nuestra opción vital en general.

Orina, orinar

Generalmente soñar que orinamos es una respuesta a nuestra necesidad fisiológica, y lo mejor que podemos hacer es levantarnos para ir a orinar, o podremos resolver nuestra necesidad en el momento del sueño, lo que comportará despertarnos mojados. Así, se trata de un sueño relacionado directamente con las necesidades físicas cuya interpretación no puede ir más allá. Algunos autores relacionan los deseos de orinar con los deseos sexuales, pero éstos también tienen una explicación fisiológica, ya que se trata de la erección provocada por la presión de la vejiga.

Oro

Este metal ha mantenido su valor desde los tiempos antiguos hasta la actualidad. Siempre ha sido un elemento muy valorado y deseado. Por eso el oro se identifica con todas las cosas buenas, con lo superior, las riquezas y beneficios, el valor, la luz y el conocimiento. Así, encontrar oro es siempre buena señal y un buen augurio, sobre todo si es en forma de tesoro. Pero soñar que buscamos oro es un mal presagio, ya que demuestra demasiadas ambiciones y avaricia.

Si buscamos oro excavando en el suelo es señal de que no obtendremos los éxitos que deseamos en nuestros proyectos y planes. Si buscamos oro en un río es porque nuestros afectos y sentimientos no están claros y tenemos el oro mezclado con la arena, es decir, los afectos sinceros junto con las emociones confusas. Si soñamos que fabricamos oro como los antiguos alquimistas es porque estamos malgastando nuestras energías y esperanzas en cuestiones que no darán su fruto y no tienen futuro.

Oscuridad

Como en el caso de la noche, la oscuridad puede vincularse con un doble significado. Por una parte está su oposición con la luz, donde la oscuridad simboliza la ocultación, las fuerzas malignas y los temores. Pero también hay que considerar que en la mayoría de religiones existentes, entre ellas la tradición judeocristiana, la luz fue creada en un determinado momento, y antes de ella ya existía la oscuridad. Por tanto la oscuridad es el origen, el nacimiento y el inicio.

Así, en los sueños la interpretación de la oscuridad puede seguir esta doble simbología. Saber a cuál de sus dos significados se refiere dependerá de la sensación que nos deje el sueño. Si nos sentimos temerosos y desasosegados es porque representa su interpretación negativa. En cambio, si el sentimiento es de tranquilidad, paz y descanso es porque se refiere a la positiva.

Oso

Este animal tiene una doble vertiente. Por una parte está su parte más visible, que es su ferocidad y el peligro que comporta. Pero en los sueños el oso también puede representar el lado femenino, al tratarse de un animal grande, con una piel muy caliente y un espeso pelo. Este lado se ve claramente cuando se relaciona al oso con nuestros peluches de la infancia. Así, soñar con un oso nos puede prevenir de peligros, agresiones y traiciones. Pero también puede representar nuestro deseo de sentirnos queridos y cuidados, ansiando la protección que teníamos en la infancia.

Ostras

Este animal se puede identificar con el órgano sexual femenino, como también sucede con la almeja. Pero es más clara su relación inconsciente con la perla y el valor que ésta tiene. Por eso soñar con ostras se interpreta como un augurio de bienes y riquezas, así como de bienestar social y económico.

Otoño

Soñar con paisajes otoñales es un aviso de que algo está llegando a su fin. Puede ser que se trate del otoño de nuestra vida, es decir, que nos acercamos a la vejez y que el inconsciente nos avisa a través de sueños de lo que es inevitable. Pero si no es el caso, si el soñador es una persona joven todavía, el sueño avisa de algún aspecto de nuestra vida que está llegando a su final. Puede ser una relación, una amistad, un trabajo o algún problema, depende de lo que nos preocupe en ese momento determinado.

Ovejas (véase *Cordero*)

Padre

En nuestra cultura y en el concepto tradicional de familia, el padre representa la autoridad, los valores, la responsabilidad y las obligaciones. Por este motivo es frecuente soñar con nuestro padre cuando estamos en un momento vital en que entramos en conflicto con estos valores, ya sea porque pasamos por una situación de rebeldía y deseo de enfrentarnos a los poderes establecidos, o bien porque nos sentimos decepcionados y estafados por el modelo social en que vivimos.

En estos momentos es común que se nos aparezca nuestro padre o una figura paternal abstracta, cuya interpretación varía según su actitud. Un padre enfadado y acusador, es síntoma de un gran sentido de la culpabilidad. Un padre benevolente y cariñoso es una necesidad de afecto y comprensión.

Hay que considerar que todas estas interpretaciones quedan matizadas por la relación que hayamos tenidos con nuestro padre y lo que para nosotros representa su figura.

Pájaros

Los pájaros representan la libertad, y en el caso de los sueños se identifican con nuestro inconsciente y nuestro interior. Así, soñar con pájaros volando es signo de deseos de libertad y ansias de un cambio en nuestra vida.

Si soñamos con un pájaro enjaulado es porque nuestro yo se siente prisionero y cautivo. Si soñamos con un pájaro encerrado en una habitación o en un lugar cerrado, donde está volando pero se golpea contra las paredes, es un mal augurio, ya que significa que nuestro interior está luchando por una libertad que no consigue y se está golpeando con la realidad, y nuestro inconsciente puede resultar dañado en este choque continuo. Soñar con pájaros heridos o cojos también es una señal de que nuestro interior está en un gran conflicto del que puede salir mal parado y debemos tener cuidado. Si soñamos que luchamos con aves nocturnas, representa nuestra lucha interior contra los pensamientos negativos y las energías destructivas.

Palma

En la tradición cristiana la palma es una muestra de celebración y alegría, tanto según la tradición bíblica en que las palmas eran utilizadas para celebrar las victorias, como en el caso de las palmas del día de Ramos en que se celebra la resurrección de Cristo. Debido a que estas simbologías están muy presentes en nuestra cultura, la palma se identifica con la alegría, la victoria y los triunfos; por eso soñar con ellas es buena señal.

Paloma

Es el símbolo de la paz por antonomasia, pero también tiene otras interpretaciones. En la tradición cristiana una paloma es la representación del Espíritu Santo; una pareja de palomas es un símbolo del amor, y además como ave alada también representa la libertad y la superación personal. Por todo ello la paloma en los sueños es siempre un buen augurio que nos presagia amor, felicidad, tranquilidad espiritual y éxitos y triunfos.

Pan

Es el alimento básico desde la Antigüedad, por eso en el pan se encuentran resumidas todas las necesidades vitales e indispensables del ser humano, ya sean físicas o materiales, así como psíquicas y espirituales. Soñar que comemos pan o que lo buscamos es un temor a las penalidades, ya sean de tipo económico o personal, por falta de amigos, de comprensión o de comunicación. Soñar que hacemos pan, ya sea amasándolo u horneándolo, es signo de tener una gran confianza en nuestras aptitudes y posibilidades.

Pantalones

Esta prenda de vestir siempre se ha relacionado con la masculinidad y con el papel del hombre en la vida familiar. Es conocido el dicho que pregunta «¿quién lleva los pantalones?» en el hogar. En el sueño los pantalones mantienen esta simbología clásica; así, representan la autoridad y la jerarquía. Por eso perder los pantalones es signo de un temor a perder la autoridad o que ésta nos sea arrebatada; soñar que los pantalones nos quedan cortos es un temor a no estar a la altura de las circunstancias y hacer el ridículo. Soñar que buscamos o que nos ponemos los pantalones es un signo de fuerza y energía recuperada. Si este sueño lo tiene un enfermo es señal de que pronto sanará; y si lo tiene una persona que pasa por una mala situación es porque pronto saldrá de ella.

Pantano

Debido al paisaje lúgubre y deprimente que acompaña a los pantanos, con sus aguas enlodadas, la pestilencia, los mosquitos y la vegetación putrefacta, estos parajes son de mal agüero en los sueños. Soñar con pantanos es una premonición de peligro, de problemas y situaciones desagradables. Mayor será la negatividad del presagio cuanto más sombrío sea el paisaje, sobre todo si nos hundimos en el fango del pantano. Pero si hay algún paraje verde o un resquicio de luz solar, es porque la situación no será tan mala.

Pantera

En este animal se mezcla la peligrosidad con la elegancia de su cuerpo, por eso representa a la mujer voluptuosa y deseable, pero al mismo tiempo amenazante. El sueño puede conllevar deseos; si se trata de un hombre deseos sexuales, si se trata de una mujer deseos de imitarla o parecerse a ella, o también temores o celos. Depende de la actitud que tengamos en el sueño.

Papel

El papel es el soporte de la escritura, que en el mundo de los sueños representa nuestros pensamientos. Aquí se trata de hojas de papel suelto, ya que en forma de libro o cuaderno tiene otro significado. Las hojas sueltas tienen menor constancia, son menos duraderas. También hay que tener en cuenta lo que hay escrito en ellas. Si aparecen muchas hojas escritas es señal de preocupación; si las hojas salen volando con el viento es porque nos falta constancia para llevar a cabo nuestros proyectos.

Paquete

Recibir un paquete siempre comporta la ilusión por abrirlo. Por tanto es una señal de esperanza y de confianza en el futuro. Este mensaje puede cambiar si cuando abrimos el paquete está vacío, en cuyo caso es falta de autoestima y de seguridad en la capacidad que tenemos. También puede ser que el paquete nos comporte temores y dudas a la hora de abrirlo, lo que representa una desconfianza en la ayuda de las otras personas. No estamos dispuestos a dejar que nos echen una mano.

Paraguas

Este elemento representa la protección, ya que bajo él nos cobijamos de la lluvia. Soñar con un paraguas implica que nos sentimos inquietos y que necesitamos algún tipo de ayuda y consejo. Pero si recibimos este tipo de ayuda luego nos sentiremos en deuda con quien nos la haya prestado, puesto que el paraguas implica un desagrado o malestar respecto a la lluvia, ya que no queremos dejar que nos moje.

Paraíso

Con frecuencia deseamos estar en un lugar similar al paraíso. Este tipo de fantasías y sueños implica un deseo de evasión, un ansia por escapar de las responsabilidades y obligaciones de la vida cotidiana. Todo esto representa una disconformidad con nuestra forma de vida, que no nos satisface ni nos resulta reconfortante.

Parálisis

Son comunes los sueños en los que nos vemos paralizados, ya sea porque no nos podemos mover, porque no podemos utilizar alguna parte de nuestro cuerpo o porque no podemos hablar. Todos estos sueños nos dejan una sensación de gran angustia y nos impresionan. En general se deben a situaciones de la vida real que no nos vemos capaces de solucionar, debido a que no podemos tomar una decisión, o porque está fuera de nuestro alcance y nuestra posibilidad o porque nos encontramos ante un conflicto del cual no sabemos cómo salir. Este tipo de sueños se pueden repetir mientras dure nuestra indecisión y nuestro problema, por lo tanto lo mejor que podemos hacer es evaluar a conciencia la situación y elegir la salida menos mala.

Parientes

Soñar con parientes que no forman parte de nuestra familia directa es señal de buenas noticias y sorpresas agradables, tanto si soñamos que los vemos como que nos vienen a visitar. Si soñamos que nosotros los vamos a visitar a ellos es debido a que deseamos algún cambio en la vida: por pequeño que sea ya nos calmará esa ansiedad.

Si soñamos con parientes que ya han muerto es el anuncio de algún acontecimiento importante. Que sea bueno o malo depende de nuestra actitud hacia esa visión: si nos alegramos de volver a verlos, será una buena noticia; pero si nos asustamos o nos preocupamos por ver a alguien que ya ha muerto, la novedad será desagradable.

Parto

Un parto siempre es motivo de alegría, ya que implica el nacimiento y el inicio de una nueva vida. Si lo que se sueña es el acto de parir en sí, y no la alegría por la noticia, el período de embarazo ni el bebé recién nacido, tiene un sentido de creación, de nacimiento de algo nuevo. Es el punto de madurez de algo que hemos estado gestando, es decir, pensando, planeando o haciendo durante mucho tiempo. Generalmente se trata de proyectos o ideas en las que hemos depositado mucha ilusión y energías. Si soñamos con un parto es señal de que ya estamos preparados para llevarlo a cabo, o si ya está en marcha es porque falta poco para verlo finalizado. Así, se trata de un sueño relacionado con la creación y también el esfuerzo, palabras clave en todo nacimiento.

Pastor

El simbolismo del pastor como guía del rebaño está muy claro y por eso su figura ha sido muy utilizada como metáfora de sabio, de persona que puede guiar y dirigir a los demás. En la tradición cristiana los sacerdotes reciben el nombre de *pastor*, porque son los que dirigen la espiritualidad de la congregación; y también la Biblia tiene muchas parábolas que toman al pastor como ejemplo.

Por eso en el mundo de los sueños el pastor es una figura que representa la guía espiritual y personal. Si soñamos que nosotros somos los pastores es porque estamos muy convencidos de nuestras creencias y nos vemos capaces de transmitirlas a los demás. En cambio, si vemos a un pastor, lo buscamos o lo seguimos, es señal de que necesitamos algún tipo de ayuda o consejo porque nos sentimos confusos en nuestro interior.

Patinar

En muchos casos patinar es una acción lúdica y divertida, pero también puede conllevar un cierto peligro si no dominamos la técnica o no nos sentimos seguros. Soñar que patinamos es un aviso, sobre todo si nos sentimos patosos o nos caemos; nos advierte que por muy sencillas que parezcan las cosas siempre pueden surgir complicaciones y problemas. Es una sugerencia para que no nos confiemos demasiado y nos mantengamos alerta y cuidadosos.

Pavo, pavo real

El pavo es un manjar que se relaciona con las celebraciones familiares, ya que dentro de la tradición occidental esta comida es común en las épocas de reunión familiar. Por eso soñar con un pavo puede significar añoranza de la familia y del hogar. El caso del pavo real es distinto, ya que lo que más llama la atención es su aspecto y su hermoso colorido más que su utilidad como comida. El pavo real se asocia con la complacencia y la vanidad. Por algo se utiliza la palabra pavonearse para las personas que se vanaglorian de sí mismas, ya sea por su aspecto o por sus logros. Soñar con estos animales es signo de un exceso de arrogancia y vanidad.

Payaso

En la vida adulta el payaso pierde la ilusión que provocaba en la infancia, y sólo queda la imagen de algo ridículo que causa la risa. Por algo esta palabra en muchos contextos es utilizada como un insulto. En los sueños los payasos tienen esta vertiente negativa: no se trata de algo alegre que nos divierte, sino de una advertencia de personas en las que no podemos confiar, o también del peligro de vernos a nosotros mismos en ridículo.

Peces

En general, cuando pensamos o soñamos con peces se trata de animales marinos, de peces que habitan en el mar. Como ya hemos visto, el mar representa nuestro inconsciente y por tanto los peces son los seres que viven en él. Así, los peces son nuestros sentimientos, temores, pasiones, etc., y nuestra actitud hacia los peces es la que tenemos hacia esos elementos inconscientes.

Por ejemplo, si soñamos que un pez enorme nos devora, demuestra un temor a dejarnos llevar por las pasiones y las emociones y vernos vencidos y devorados por ellas. Aquí está actuando una gran fuerza de represión y temor a mostrarnos tal y como somos. Si después de ser devorado conseguimos escapar, como en el caso de Jonás y la ballena, es porque luego aceptaremos nuestro lado inconsciente y nos sentiremos renovados, renaciendo en una nueva vida. Si soñamos con pequeños peces que se escapan y se escurren ante nosotros, es signo de un temor a las desilusiones, sobre todo las de tipo sentimental. Los peces muertos o enfermos son señales de amarguras, desengaños, soledad y tristeza.

Peinar, peine, peinado

Este sueño cambia su significado según quién realice la acción de peinar. Si somos nosotros los que nos estamos peinando a nosotros mismos es un signo de preocupación y cuidado de la imagen.

Si es otra persona la que nos está peinando, sobre todo si es un ser querido, es una señal de afecto y de cuidado. Refleja un deseo de sentirnos queridos y cuidados como cuando éramos niños y alguien nos peinaba. En cambio, si lo que soñamos es que vamos a la peluquería, además de demostrar una preocupación por nuestro aspecto, el estado del pelo nos puede indicar cómo serán los próximos días, ya que si está enredado es señal de pequeños problemas y contratiempos, y si está limpio y es fácil de peinar es porque los próximos días serán sencillos y sin complicaciones.

Pelea

Aquí hacemos referencia a la pelea física, no a una discusión verbal. Como en todos los enfrentamientos de carácter violento y físico, este sueño comporta un alto grado de agresividad. En este caso se trata de la violencia de nuestras emociones o sentimientos, que se encuentran en tensión y contradicción con la realidad.

Pelos

Se trata del vello corporal, no de los cabellos ni de la barba que ya han sido tratados anteriormente. En general el pelo se considera un signo de virilidad, y se relaciona con la fuerza de carácter y la sensualidad. Por eso soñarnos más peludos de lo que somos es señal de deseo de sentirnos más sensuales y atractivos, de mejorar nuestro *sex-appeal*. Si nos soñamos lampiños o con menos pelo que en la realidad es porque tememos tener falta de carácter y nos sentimos poco respetados o admirados.

Pera, peral

Como en muchos casos, este árbol frutal es una señal sobre nuestros asuntos y nuestros beneficios. Así, si soñamos con el árbol lleno de frutos y sano es porque tendremos beneficios y bienes; pero si lo soñamos seco y con los frutos caídos es porque debemos cuidar mejor nuestras cuestiones.

Soñar con peras sueltas es un signo de erotismo y de deseos sexuales, ya que por su forma y por su sabor la pera recuerda al cuerpo femenino y se relaciona con la sexualidad.

Pérdida, perder

Es frecuente en sueños perder alguna cosa y buscarla con ansiedad. Para interpretar el sueño primero hay que tener en cuenta qué es lo que hemos perdido, ya que el significado está en relación con el objeto. También es común soñar que hemos perdido algo pero no sabemos qué es, con lo cual la búsqueda es más angustiosa todavía. Este tipo de sueños están centrados en el hecho de buscar, y esto es lo que importa. Muestra una sensación de gran preocupación y tensión interior, un desequilibrio entre lo que deseamos y lo que tenemos. Además de una ansiedad por encontrar y buscar, también hay un temor a perder, que es signo de inseguridad, ya que tememos perder nuestros afectos o nuestros logros, no nos sentimos seguros de ellos. En el caso de ser nosotros los que nos perdemos, la interpretación es distinta. Perderse genera una gran angustia, que es una expresión de nuestro conflicto y tensión interior. No sabemos qué es pero nos genera un gran desasosiego, que es debido a una disconformidad con nuestro modo de vida. No estamos satisfechos, nos sentimos inseguros y descontentos. En este caso conviene plantearse cuáles son nuestros verdaderos deseos y analizar si estamos en el camino de conseguirlos o no.

Perdiz

En los sueños esta ave simboliza el amor. Tanto en la tradición cristiana como en las culturas orientales la perdiz representa el placer sexual, aunque una lo ve como algo pecaminoso y las otras como un acto natural. La perdiz, por tanto, representa la llamada del amor y del placer.

Perfume

El perfume es algo que permanece en el aire aunque la persona que lo lleva se haya ido. Por eso da una idea de permanencia y recuerdo. Si en el sueño identificamos de quién es el perfume, puede ser debido a un sentimiento de nostalgia o añoranza de esa persona, tenemos ganas de volver a verla y a oler su perfume. También tiene importancia la sensación que nos provoque ese perfume, ya que nos muestra nuestros sentimientos hacia esa persona. Un perfume agradable demuestra simpatía y agrado, en cambio un perfume fuerte puede provocar antipatía. Si somos nosotros los que llevamos el perfume puede ser que ésa sea la sensación que sentimos cuando estamos rodeados de otras gentes, como los compañeros y nos sintamos cómodos y tranquilos.

Periódico

Es el medio de comunicación por excelencia, por lo que mantiene este significado en los sueños. Si nos vemos comprando o leyendo el periódico es porque pronto tendremos alguna noticia. El contexto del sueño y nuestra actitud nos pueden orientar sobre si la noticia será agradable o mala. Si lo que estamos leyendo son los anuncios es señal de que deseamos un cambio en nuestra vida, ya sea un traslado o un cambio laboral.

Perla

Símbolo de la belleza y la simplicidad, la perla evoca la hermosura y la feminidad. Se trata de un elemento valioso y humilde a la vez, ya que es muy preciado, pero su origen es la ostra en el fondo del mar. Soñar con una perla sola o dentro de una ostra, pero sin que forme ninguna joya, es signo de alegría y felicidad, señal de que pronto hallaremos el amor y la estabilidad, un sentimiento de afecto profundo. Pero si soñamos con la perla formando una joya el significado cambia. Los collares de perlas han tenido mala fama desde hace muchos años, y existe la superstición de que si se rompen se acerca una desgracia, pero no es debida a la presencia de las perlas sino al collar que se rompe.

Perro

Es el animal de compañía por excelencia, «el mejor amigo del hombre», por eso en los sueños representa la fidelidad y la amistad. Esto siempre que soñemos con un perro amistoso y tranquilo. Si soñamos con un perro furioso que va a atacarnos es porque nos sentimos culpables por haber fallado a algún amigo, en nuestro interior hemos traicionado la fidelidad y el concepto de amistad y por eso ésta se nos gira en contra.

Pescar

El mar representa nuestro inconsciente y al pescar deseamos sacar de él algunos contenidos. Por eso es importante recordar qué hemos pescado en el sueño porque nos puede dar una idea sobre nuestros temores y aprensiones.

Por ejemplo, si soñamos que pescamos un zapato o algo sin ningún valor, o si no un pez monstruoso, demuestra nuestro temor a conocer los contenidos de nuestro inconsciente y quedar desilusionados. Si soñamos con peces buenos y hermosos, es porque no tememos conocer los secretos de nuestro inconsciente. En cualquiera de los dos casos es importante quitar el pescado del anzuelo para poder liberarnos de esos sentimientos o pensamientos.

Petrificarse

Es un sueño similar al de la parálisis. Ante una situación o un peligro nos quedamos petrificados sin poder movernos, ya sea para intervenir o para escapar. Este tipo de sueños provoca una gran angustia y un sentimiento de preocupación e impotencia. Y eso es lo que reflejan, que en la vida real estamos quietos y estancados en un pasaje sin salir ni hacia adelante ni hacia atrás. Nos encontramos ante un dilema sin tomar una decisión, o sin cambiar algo que queremos cambiar. También se puede tratar de una sensación interna, algo de nuestro interior lo que queremos modificar; no tiene por qué hacer siempre referencia al exterior y a la vida diaria.

Piedra

Es uno de los elementos esenciales y básicos. Representa la dureza, la permanencia y la inmutabilidad. La piedra siempre permanece mientras los seres vivos pasan y cambian.

En los sueños la piedra es la solidez, la perseverancia y la constancia. Este significado se mantiene si soñamos que descansamos sobre una piedra o que nos encontramos una piedra. Pero si la piedra es tan grande que nos impide pasar se convierte en un obstáculo, con lo que adquiere un valor negativo. En este caso se trata de nuestra propia terquedad y obstinación, que es lo que en realidad nos impide avanzar. Si en vez de una piedra sola soñamos con un paisaje de piedras, su significado también es negativo, ya que se trata de un paraje yermo donde no crece la vida. En este caso se trata de nuestra propia falta de vitalidad y sensibilidad: nos hemos endurecido hasta el punto de convertirnos en una piedra y temer cualquier clase de sentimiento, lo cual no es bueno. Como vemos, la interpretación de este elemento es muy variada y depende en cada caso del contexto del sueño y de nuestra propia actitud.

Piedras preciosas

Se trata de un bien muy preciado y escaso, por lo que tienen un gran valor. En los sueños mantienen el significado de bienes codiciados y valiosos, que deseamos conservar y cuidar. Puede tratarse de una amistad, un logro, un amor, una relación, un trabajo o un bien material, según cada caso. Nuestra actitud hacia esa piedra preciosa nos mostrará cómo nos comportamos ante las cosas que valoramos o queremos, si somos generosos, avariciosos, cuidadosos, celosos, etc.

Aquí hay que diferenciar entre las piedras preciosas sueltas o en estado puro y las joyas, que han sido analizadas antes. También hay que tener en cuenta que cada tipo concreto de piedra preciosa se ha mencionado por separado en su propio apartado. Aquí se tratan todas en general, cuando en el sueño no se vean especificadas.

Piel

La piel es la parte externa de nuestro cuerpo, la que nos cubre y nos protege del exterior. También es la parte que mostramos y que vemos, por eso tiene una relación y significado directo con nuestro cuerpo y nuestra salud. Soñar que tenemos arrugas puede tener la interpretación de un temor exagerado al paso del tiempo y a envejecer, o también una angustia por falta de tiempo y de descanso. Nos sentimos demasiado presionados por las obligaciones y el trabajo, de forma que sentimos que nuestra vida pasa sin darnos cuenta.

Piernas, pies

En el fondo las piernas y los pies también son un medio de transporte, ya que se trata de la parte de nuestro cuerpo que utilizamos para caminar y movernos. Así pues nos indican nuestro camino en la vida, nuestro andar diario. Por eso los sueños en los que nos vemos con problemas para caminar o privados de las piernas son premoniciones de los problemas y contratiempos que nos encontraremos en nuestra vida.

Por ejemplo, soñar que estamos cojos o que nos falta una pierna es señal de que no estamos capacitados para realizar los proyectos que tenemos pensados o que deseamos hacer. Especialmente cuando se trata de una situación que en el sueño nos parece normal y estable, es un aviso de que nuestros planes son demasiado ambiciosos para nuestra posición actual. Pero si en el sueño se trata de una amputación o de un accidente traumático, es porque poseemos las cualidades necesarias, pero nos veremos privados de ellas sin previo aviso. Mantienen este significado de posibles dificultades los sueños en los que nos vemos los pies deformados o torcidos.

Pino, piña

El pino es un árbol de hoja perenne que mantiene su color verde a lo largo de todo el año, por eso representa la longevidad y la permanencia. La piña entraña un mensaje de esperanza porque, aunque parece dura y muerta, en su interior se esconden los piñones, con su gustoso sabor. Por eso soñar con piñas y pino es una señal de esperanza y de fe, una premonición de que no todo está perdido y pronto encontraremos algo por lo que luchar y mantener las expectativas.

Plantas

Las plantas representan nuestras emociones y nuestros afectos. Así, si soñamos con un lugar lleno de vegetación y plantas es porque tendremos muchos afectos y nos sentiremos queridos. Si nos vemos cuidando nuestro jardín es porque tenemos la necesidad de cuidar y querer a nuestras personas cercanas. En cambio, si vemos las plantas mustias y secas es debido a que no hemos sabido dar el afecto que era necesario, o si no porque nuestro amor está llegando a su fin, en el caso de una relación amorosa.

Plata

Es un metal muy preciado, más accesible que el oro. En el esoterismo la plata se relaciona con la Luna, con el color blanco, con Venus y la feminidad, por lo que es un elemento que se relaciona con las mujeres y con lo femenino. Por eso los sueños en los que vemos un objeto de plata son un buen augurio que está relacionado con una mujer, ya sea porque ésta nos proporcionará algún beneficio o ayuda, porque iniciaremos alguna amistad muy enriquecedora o porque tendremos un apasionado romance. En cualquier caso se trata de un buen augurio relacionado con lo femenino.

Playa

Actualmente la playa se relaciona con las vacaciones y el descanso, por eso muchas veces representa una necesidad de tranquilidad y de placer, sobre todo si nos vemos en una playa desierta en un paisaje paradisíaco.

Si la playa está llena, en cambio, más que una necesidad de descanso se trata de un deseo de una vida social intensa: queremos destacar y sentirnos admirados, ser el centro de atención de una reunión concurrida.

Plumas

Las plumas siempre han sido consideradas una muestra de lujo, de la ostentación y de la vanidad, sobre todo cuando se utilizan en el vestir o en los complementos como un abanico de plumas o un sombrero. Por eso las plumas auguran bienes materiales, una época de bienestar económico.

En cambio, si soñamos con plumas sueltas, como una que se le ha caído a un pájaro, tiene el sentido de la ligereza y la libertad que caracterizan a las aves. Representa nuestra parte más libre y elevada, la espiritualidad y la vida interior. Si nos encontramos una pluma o la vemos en nuestros sueños es señal de una ansiedad por centrarnos en nuestro interior, dedicar más tiempo a la meditación y a la espiritualidad.

Pollitos

Se trata de animales desprotegidos y frágiles que requieren de muchos cuidados y despiertan nuestra ternura. Por eso los pollitos simbolizan nuestro lado más tierno y afectivo, muestran una necesidad de demostrar nuestro cariño, ya sea con un matrimonio o una pareja estable, o bien por deseos de maternidad o paternidad.

Polvo

Se trata de un elemento muy complejo y con una simbología muy variada. Aquí sólo apuntaremos algunos de sus significados y, según cada caso y el contexto, se interpretará el sueño en cada sentido. Por una parte el polvo representa la suciedad y el paso del tiempo, por el cual se acumula el polvo. También representa la muerte, que es inevitable. En la Biblia también se menciona el polvo como inicio y final de la vida: al igual que la muerte, también es el principio, pues a partir de él surge la vida. Otro significado posible es la ligereza, ya que al polvo se lo lleva el viento, y lo que era sólido se verá convertido en algo frágil y ligero.

Pozo

El pozo simboliza la riqueza, ya que está relacionado con el agua y también con la vida. Pero al ser un lugar de donde se extrae agua también simboliza nuestro inconsciente y todo lo que hay en él. Así, soñar con un pozo o que sacamos agua de un pozo es un buen augurio, ya que representa que obtendremos riquezas y beneficios de nuestro inconsciente, es decir, que las pasiones y emociones contenidas en él serán favorables y beneficiosas. Si el pozo está seco, o por algún motivo no conseguimos sacar agua de él, es debido a que nos veremos defraudados por nuestras aptitudes y capacidades.

Proceso

Soñar con un proceso judicial es un síntoma de un sentimiento de ser juzgados. Aquí no se trata de un juicio externo realizado por otras personas, sino de nuestro propio juicio personal. Por eso estos sueños comportan un sentimiento de culpabilidad y de falta. Si deseamos ser juzgados es porque nos sentimos culpables y queremos aliviar este peso. Conviene analizar nuestros actos y sentimientos para descubrir qué es lo que motiva esta sensación.

Puente

Un puente siempre conlleva una esperanza, ya que es un elemento para cruzar un obstáculo o una dificultad como puede ser un río o un abismo. Así, si soñamos que cruzamos un puente es señal de que abandonaremos los problemas actuales para conseguir una situación mejor. Pero si en vez de cruzar el puente sólo lo observamos es debido a que no tomaremos la iniciativa para solucionar los conflictos actuales, por lo que no saldremos de ellos.

Tampoco es un buen augurio soñar que nos paramos en mitad del puente, ya que significa que no llevaremos hasta el final nuestras decisiones y no conseguiremos el cambio deseado.

Puerta

Como en el caso del puente, una puerta es una esperanza, ya que es una salida o una entrada. En general soñamos con puertas como salida de una situación difícil y conflictiva en la que nos encontramos, pero cualquier salida implica una entrada en otro sitio, sobre todo si se hace a través de una puerta. Por tanto representa una luz de esperanza para abandonar una posición difícil y entrar en otra distinta: que sea mejor o no depende de lo que veamos detrás de la puerta.

Si soñamos con una puerta cerrada significa que deseamos cambiar nuestra situación actual, pero todavía no sabemos cómo hacerlo. Debemos meditar sobre las posibilidades y pronto se nos abrirán las puertas.

Puerto

También el puerto representa la esperanza, ya que es el final de los peligros del viaje; ya se conoce el dicho de «llegar a buen puerto». Por lo tanto es una señal de que se acerca una buena época, con tranquilidad y estabilidad.

Pero si en vez de llegar al puerto vamos a él para partir simboliza un deseo de evasión, de escapar de nuestra vida actual: ansias de cambio, aunque todavía no nos hemos decidido a llevarlo a cabo.

Puntas

Soñar con cosas u objetos punzantes tiene el valor simbólico de la agresión y la violencia. Al significado del objeto que se ve hay que añadirle el de la agresividad, ya sean plantas, armas o instrumentos.

Puñal

Se trata de un arma blanca, y como todas las armas tiene un significado de violencia y agresión. Además el puñal tiene una doble vertiente. Por un lado está la daga, que es un arma elegante que muchas veces se convierte en un objeto de colección o de lujo, ya que se decoran profusamente y algunas están hechas con metales nobles y piedras preciosas. Pero también está el puñal- cuchillo, que es un arma traidora que surge en el momento más inesperado para atacar y herir. Para la persona que la usa es el último recurso, pero para el agredido es una traición.

Quemaduras

Las quemaduras en los sueños, ya sean porque se ven o porque se siente su dolor, son premoniciones de discusiones y disputas. Nos veremos envueltos en un conflicto personal con nuestra pareja o con la familia próxima, y es probable que nos sintamos heridos por su actitud y por su falta de comprensión.

Ramo, ramillete (véase *Flores*)

Ranas, sapos

Las ranas son batracios gregarios, que a menudo aparecen asociadas con sapos y culebras como signo de mal augurio o de maleficios mágicos. Si en sueños las vemos de esta forma anuncian desgracias inesperadas, quizá causadas por el destino o por una confabulación oculta en nuestra contra.

Pero si soñamos con una rana sola y más o menos simpática, ésta puede desempeñar el papel contrario. Es decir, ser mensajera de buenas nuevas, especialmente en el terreno sentimental.

Sapos. En la simbología tradicional el sapo representa la fealdad que puede esconder o enmascarar la belleza. Un ejemplo típico de esta tradición simbólica es el cuento del sapo que se transforma en príncipe al recibir un beso de la doncella. En esta misma línea, soñar con un sapo puede advertirnos que detrás del aparente desagrado que nos produce una persona o un asunto, puede ocultarse un ser muy noble o un beneficio provechoso.

Ratas, ratones

En la época medieval las ratas eran portadoras de la peste que venía de Oriente y diezmaba a las poblaciones europeas.

Ese nefasto antecedente, más el hecho de vivir en las cloacas y alimentarse de desechos, las han convertido en símbolo de lo sucio y despreciable, que asimismo pueden invadirnos y causarnos daño.

Soñar con ratas significa en principio una amenaza que puede irrumpir en nuestra vida, en especial con respecto a la salud o el bienestar material. Si la presencia de las ratas aparece como un asedio incontrolable, debemos tomar inmediatamente las mayores precauciones, como por ejemplo asegurar nuestros bienes o someternos a un chequeo médico.

Ratones. Estos animalitos, aunque parientes cercanos de las ratas, tienen mucha mejor imagen en el inconsciente colectivo y en el folklore tradicional. Soñar que vemos uno o más ratones augura que nuestros desvelos darán buenos frutos.

Rayos, relámpagos

Tanto los rayos como los relámpagos son manifestaciones de la fuerza del destino, de los poderes ajenos a nuestra voluntad, como la propia tormenta que los origina. Por lo tanto, ver estos fenómenos en sueños anuncia una etapa tormentosa en nuestra vida, que difícilmente podremos evitar.

No obstante, como en el caso de la tormenta, conviene que nos pongamos a cubierto y tomemos todas las previsiones necesarias.

Rejas

Las rejas son un elemento que nos separa y nos impide alcanzar algo o salir de la situación en que estamos. Pero si soñamos con la típica escena en la que una ventana enrejada nos separa de la persona amada, indica que esa reja se abrirá pronto y podremos disfrutar de su amor. Cuando en el sueño un portal enrejado no nos deja entrar a un determinado sitio, augura la presencia de obstáculos humanos o materiales en un asunto que nos preocupa. Pero si soñamos que escalamos y saltamos las rejas, nuestra habilidad y energía nos permitirán alcanzar ese objetivo. Si, por el contrario, las rejas nos impiden salir al exterior, señala dificultades para continuar con los planes que tenemos trazados. Para los sueños de rejas en calabozos o prisiones, véase la entrada *Cárcel*.

Relámpagos (véase *Rayos*)

Reloj, relojes

El reloj es un elemento muy presente en los sueños, e incluso en las escenas oníricas de la pintura o las películas. Su significado más claro es el paso del tiempo, pero también la necesidad de reaccionar en un momento dado (reloj despertador). Ver en sueños relojes sin manecillas o parados advierte que nuestro tiempo se ha detenido.

Si soñamos con un reloj de arena o de agua del tipo clepsidra, indica un desequilibrio entre nuestras actividades y el tiempo que les asignamos (véase *Arena*). Si en el sueño aparece un reloj de sol, representa un problema más profundo, como el sentimiento de no haber aprovechado los años anteriores y temer que no nos quede tiempo para realizar nuestros sueños y deseos. Los relojes habituales, de pared, de mesa o de pulsera, indican un problema con el tiempo que habrá que interpretar según las otras circunstancias del sueño. Soñar con un reloj con carillón que da sus campanadas indica que nos queda poco tiempo para solucionar problemas internos o espirituales; si se trata de un reloj de cuco, el aviso se refiere a una situación más concreta e inmediata.

Reptiles

En esta entrada nos referimos a los reptiles en general, como lagartos, iguanas y otros similares, en especial cuando aparecen de varios tipos y en un grupo más o menos numeroso. Soñar que vemos muchos reptiles, o que estamos rodeados por ellos, representa el temor a ser dominados por nuestros instintos más primitivos. Si los reptiles nos amenazan o nos atacan, ese riesgo es mayor y más inmediato.

En la interpretación freudiana, los reptiles representan la represión de los impulsos más primarios, relacionados generalmente con la sexualidad y la agresión.

Retrasos

Podría parecer obvio que soñar que llegamos tarde a una cita, reunión o acontecimiento, significa que vamos a perder una ocasión u oportunidad por no haberla cogido a tiempo. Sin embargo, la verdadera interpretación de un sueño de retraso es que debemos, precisamente, retardar una decisión o un encuentro hasta tener claro que realmente nos interesa y sabemos cómo actuar.

Retrete

El uso del retrete es un momento íntimo, en el que nuestro organismo se libera de los desechos. Por tanto, soñar que vamos al retrete significa que estamos dispuestos a liberarnos de algo que nos oprime y que ya no tiene ninguna utilidad. Es siempre un sueño que augura bienestar y buena salud física y psíquica. Si soñamos que vemos a otra persona en el retrete, indica el deseo inconsciente de descubrir su intimidad, ya sea corporal o de pensamiento. Si se trata de alguien que no conocemos, es que necesitamos tener más amistades.

Rey, reina

En la interpretación tradicional de los sueños, el rey representa el dominio, la autoridad y la riqueza. Soñar que vemos a un rey, o que estamos ante él, es un augurio casi seguro de buena fortuna en el orden material y social. Si nosotros mismos nos vemos en el sueño en posición de rey, señala que esos logros nos llevarán a una situación de poder y de reconocimiento por parte de los demás.

Reina. Soñar con una reina es también augurio de buena suerte, pero en este caso relacionada con el amor, los afectos y las relaciones personales. La reina, al igual que el hada, simboliza el poder femenino que nos ayuda a realizar nuestros deseos sentimentales. Si una mujer sueña que ella misma es una reina, indica que muchas personas la querrán bien y la admirarán por sus virtudes.

Río

El río es una metáfora muy frecuente de la vida, en cuanto transcurso cambiante pero siempre igual a sí mismo. Soñar con un río es por lo tanto como ver fluir nuestra propia vida, o la etapa de ella que atravesamos en ese momento. Si el río es ancho y sus aguas corren serenas, vaticina una época de plenitud y calma. Si corre caudaloso, indica gran actividad, energía, poder, y posiblemente logros importantes. Pero si lo que vemos en sueños es un río estrecho, tortuoso y de corriente muy escasa, señala una falta de vitalidad, de esfuerzo, de voluntad, que debemos corregir para que nuestra vida fluya con más intensidad (véase también *Arroyo*).

Riqueza

Soñar que se posee una gran riqueza puede ser un simple sueño de compensación, si nuestra situación económica es modesta o difícil. Si la situación de quien sueña es normal o incluso satisfactoria, el sueño de riqueza indica un exceso de ambición que puede llevarlo a desestabilizar o perder esa posición desahogada de que disfruta.

Robar, robo (véase *Ladrón*)

Roble

El roble es el árbol que siempre ha simbolizado la fuerza y la nobleza por excelencia. Verlo en sueños, o encontrarse en un robledal, es un augurio de que dispondremos de la decisión y la energía que necesitamos para afrontar nuestros problemas.

Roca

En la simbología onírica la roca no es una simple piedra grande, sino un peñasco o promontorio rocoso que emerge dominante en una costa o un paisaje. Ese tipo de roca representa la solidez, la fuerza inmutable que signa nuestro carácter, pero también la dureza excesiva que a veces nos impide cambiar de opinión o de posición.

Soñar con una roca indica que poseemos esas características, que pueden ser beneficiosas o perjudiciales según nuestra propia personalidad y los otros elementos del sueño. En principio, si el peñasco tiene vegetación a sus pies, y sobre todo en la cima, podemos interpretar de forma favorable nuestra fuerza de carácter.

Rojo

Color de la sangre y también del fuego, es sin duda el gran símbolo cromático de la pasión y de los instintos primarios, tal como expresa la frase «ver todo en rojo». Como en otros sueños con un color dominante, soñar en la gama del rojo tiñe el contenido del sueño de una vehemencia instintiva que debe tenerse muy en cuenta para su interpretación.

Ropa (véase *Vestido*)

Rosa, rosales

Reina de las flores, la rosa representa tanto la salud y la belleza como el amor, el respeto y el buen entendimiento. Soñar con una o más rosas indica fortuna y buenos augurios en todos o algunos de esos asuntos, según la situación de quien sueña y el conjunto del sueño. Si las rosas se presentan en ramo, señalan que la buena suerte se dará en conjunto, y apoyándose mutuamente en los distintos temas.

Si soñamos que alguien nos regala una rosa, o un ramo, es una prueba de su amor, o de su afecto y consideración. Si en el sueño nosotros regalamos esa flor a alguien, indica que deseamos (o debemos) dedicarle más atención y expresarle nuestros sentimientos.

Rosales. Si en sueños vemos un rosal en flor, o todo un rosedal, es también un buen augurio, pero con ciertos matices. Si sólo lo visualizamos, sin ninguna intervención, señala una posibilidad favorable a la que debemos ayudar activamente. Si nos paseamos entre los rosales, predice que estaremos rodeados de buenas oportunidades que debemos aprovechar. Si arrancamos una o más rosas, tendremos suerte en tantos asuntos como flores cojamos, por orden de importancia o de urgencia en nuestra vida real.

Rueda

La rueda es otro símbolo ancestral de la vida, y de la forma en que recorremos su camino. Así, soñar con una rueda que gira normalmente indica que no encontraremos problemas u obstáculos. Si la rueda está detenida, advierte que nuestra vida también sufrirá un «parón» en alguno de sus aspectos. Si está rota o gira con dificultad, anuncia inconvenientes en el desarrollo normal de nuestros asuntos.

La rueda suele aparecer también en los llamados «sueños de situación», en los que presenciamos o participamos de una acción con argumento, como si fuera una escena teatral o cinematográfica. El más habitual trata del pinchazo de una rueda del coche o el atascamiento en el barro o en un bache del camino. Obviamente, señala que nuestra propia vida tendrá un atasco, que quizá podamos evitar o superar si la conducimos bien y por buenos senderos.

Ruinas

Las ruinas tienen en los sueños una interpretación directa, que alude a cosas del pasado, a construcciones que ya no tienen utilidad. No obstante, hay también ruinas de gran valor que ayudan a profundizar en el conocimiento de otros tiempos. Ambos significados pueden darse en el sueño, según el tipo de ruinas y los otros elementos y circunstancias que las rodeen.

En principio, soñar con una construcción o varias en ruinas, a causa de un fenómeno reciente (terremoto, bombardeo, etc.), responde a la primera interpretación. Es decir, indica que debemos abandonar cosas del pasado a las que permanecemos aferrados, o en todo caso reconstruirlas para que nos sean útiles en el futuro. Si soñamos con ruinas históricas de la antigüedad, alude al segundo significado, sugiriendo que podemos reencontrar aspectos valiosos si revisamos el pasado.

Si en el sueño vemos nuestra propia casa en ruinas, indica un riesgo para nuestros bienes materiales, que debemos apresurarnos a proteger.

Ruleta (véase *Apostar*)

Sacerdote (véase *Cura*)

Sal

La sal nos ayuda a disfrutar del sabor de los alimentos, pero su exceso también puede estropearlo. Así, soñar que vemos un salero, echamos sal a un plato de comida, o aderezamos con ella algo que estamos cocinando, anuncia que podremos gozar de buenos momentos o deleitarnos más con las cosas buenas de la vida.

En cambio, si soñamos con una gran extensión de sal, como en un saladero o una salina, indica que nuestros esfuerzos por mejorar algún asunto o aspecto de nuestra vida puede acabar arruinando su resultado.

Saltar

En la vida real el saltar es habitualmente un signo de gran alegría, y en el sueño mantiene ese significado si nos vemos dando brincos, ya sea solos o con otras personas. En ese caso, anuncia un golpe de suerte inesperado o el cumplimiento de un deseo muy intenso. Si soñamos que damos un salto hacia arriba (por ejemplo para salvar un obstáculo o alcanzar algo), indica que nos elevaremos por encima de nuestras posibilidades actuales. Pero si saltamos hacia abajo (como para bajar de un terraplén), señala que perderemos una posición por una actitud o decisión equivocada.

Sangre

Aunque es difícil soñar sólo con sangre, debemos tomarla en cuenta si es el elemento de un sueño que más nos impresiona al despertar. Su significado se asocia siempre a la violencia, aunque no siempre ésta ha de ser física. Por ejemplo, si vemos manar hilillos de sangre en la cara o el cuerpo de alguien, indica que esa persona sufre en silencio por nuestra causa, y debemos cambiar nuestra actitud hacia ella.

En general, ver manar abundante sangre de otras personas anuncia que tendremos conflictos o peleas con ellas. Si se trata de desconocidos, puede anunciar un mal general que también nos afectará a nosotros.

Si vemos animales sangrando, u objetos manchados de sangre, sugiere un sentimiento de culpa por algo violento que hemos hecho o que pensamos hacer. Por el contrario, si lo que vemos es nuestra propia sangre, indica que nos liberaremos de un peso de conciencia y nos sentiremos mejor (véase también *Herida*).

Sed

La sed es el símbolo más frecuente de un deseo o ansia perentoria que necesitamos calmar («sed de amor», «sed de sangre», etc.). Por lo tanto, si soñamos que sufrimos de sed, expresa que inconscientemente deseamos obtener algo que no reconocemos en la vida consciente. Y el agua, cuya falta nos da sed, es la expresión simbólica de los sentimientos y la vida afectiva; probablemente esa necesidad oculta se vincula a esos aspectos de nuestra personalidad.

Si en el sueño calmamos nuestra sed, augura que podremos cumplir nuestro deseo.

Si no, el solo hecho de soñar que sentimos sed es también un buen indicio, aunque quizá nos lleve más tiempo o más esfuerzos el saciarla.

Sembrar

Si soñamos que realizamos una siembra, ya sea en el jardín o en el campo, significa que tendremos buena suerte en algo nuevo a lo que damos vida, ya sea un hijo, una obra intelectual o artística, una asociación o empresa, etc.

Sexo

Los sueños de tema sexual son bastante frecuentes, y suelen tener una relación directa con la sexualidad en la vigilia, ya sea como «resto diurno» de experiencias de ese tipo o como signo de la represión o carencia de la actividad sexual. Hecha esta aclaración, ese tipo de sueño puede también simbolizar otros significados, cuya interpretación es siempre compleja y con un fuerte componente individual. En líneas generales, puede decirse que si en el sueño disfrutamos de nuestra sexualidad, augura vitalidad y alegría en nuestra vida sentimental. Si por el contrario la escena sexual es incompleta, frustrada o decepcionante, indica que nuestras relaciones afectivas pasarán por momentos difíciles. Si vemos un acto sexual de otros, sin participar de él, señala que envidiamos el placer que obtienen esas personas, o los demás en general.

Los sueños de contenido homosexual son bastante comunes en personas heterosexuales. Si soñamos una escena de ese tipo con alguien en concreto, indica nuestro afecto por esa persona, pero también que no sabemos expresarlo como quisiéramos. Si se trata de alguien desconocido, indica dificultades en nuestras relaciones afectivas y personales.

Todo sueño que incluya prácticas sexuales aberrantes (sadomasoquismo, zoofilia, pederastia, fetichismo, etc.) indica decepción por nuestra vida amorosa y sexual, y el deseo inconsciente de buscar mayor satisfacción, aunque no necesariamente en las formas soñadas, que por lo general sólo son simbólicas.

Sol

El astro rey ha sido siempre símbolo del poder vital, que da y protege la vida, así como de la grandeza, la fuerza y la majestad. Todos estos atributos están contenidos en la interpretación de los sueños solares, sin duda de los más favorables y de buen augurio que se pueden experimentar.

Soñar que vemos el Sol resplandeciendo en el cielo indica por tanto que recibiremos su favor y su protección en todo lo que emprendamos o nos interese. Si lo vemos brillar entre montañas, nos dará principalmente fuerza moral e intelectual; si brilla sobre un paisaje, amparará nuestra salud y nuestra naturaleza psicofísica; si luce sobre el mar, favorecerá todo lo que se relaciona con el amor y los sentimientos. Finalmente, si brilla sobre una ciudad o grupo de edificios indica que tendremos suerte en asuntos materiales y de dinero.

Pero debe aclararse que éstos son sólo sesgos preferentes, ya que un sueño de Sol siempre anuncia un bienestar y progreso en todos los aspectos.

Soldados

Los soldados representan la subordinación, el orden y el cumplimiento del deber. Al estar «uniformados» indican asimismo la disolución de la individualidad en un conjunto uniforme. Así, si soñamos con soldados en formación, desfilando, o simplemente en grupos indistintos, significa que deseamos someternos a una mayor disciplina y formar parte de una estructura ordenada, quizá para sentirnos más integrados y tener más clara nuestra posición jerárquica en la vida. Este significado pierde valor si vemos a los soldados combatiendo o heridos después de una batalla, para lo cual habrá que consultar las entradas correspondientes, relacionándolas con otros elementos del sueño.

Sombrero

Aunque la función original del sombrero fue la de proteger la cabeza del frío o de los rayos del sol, desde la más remota antigüedad tuvo también un sentido simbólico, ya sea para indicar autoridad, posición social, oficio o pertenencia a determinado colectivo. En general, soñar que llevamos un sombrero señala que deseamos ser considerados por nuestro rango o actividad, más que por nosotros mismos.

Dependerá entonces del tipo de sombrero la interpretación de qué rasgo simbólico queremos representar ante los demás. Desde la mitra de un obispo a un bonete de payaso, hay innumerables modelos de cubrecabezas que pueden representar nuestros deseos inconscientes de adoptar una personalidad más aparente ante el mundo.

Sótano

De algún modo, el sótano es una metáfora arquitectónica del inconsciente. «Bajar al sótano» representa descender a los trasfondos de la mente, donde se guarda aquello que no se quiere mostrar. Entonces, soñar que estamos en un sótano, o que bajamos a él, indica la necesidad o el deseo de conocer mejor nuestras entretelas, ya sea para poner orden o para buscar algo que puede ayudarnos en nuestros problemas.

Si en el sueño no podemos salir del sótano y estamos encerrados en él, advierte que debemos salir de nuestro ensimismamiento y abrir la mente al mundo exterior.

Subterráneo (véase entrada anterior, y también *Túnel*)

Suciedad

La suciedad, de cualquier tipo que sea, representa las malas obras o, en la tradición religiosa, el pecado. Pero la mayoría de los maestros intérpretes señala que ver en sueños que estamos sucios, o rodeados de mugre, es un indicio de buena esperanza. Es decir, que al visualizar nuestros pecados los reconocemos como tales, que es el paso previo al propósito de enmienda.

Suicidio

El mundo onírico es el único escenario donde podemos presenciar nuestro propio suicidio y ver su resultado de muerte. Sin embargo, en ese tipo de sueño el suicidio no funciona como tal, sino como el deseo de destruir algo de nuestro interior que no podemos soportar: generalmente una obsesión malsana, unos impulsos primarios o una conducta inapropiada que no conseguimos evitar.

Desde luego, el sueño de suicidio actúa también como «resto diurno» si la persona que sueña atraviesa una situación muy conflictiva y deprimente en la que el suicidio podría ser una solución, aun como fantasía imaginaria.

Finalmente, si en el sueño presenciamos el suicidio de alguien conocido, indica que esa persona está pasando un momento difícil y necesita nuestra ayuda. Una línea de interpretación opuesta sostiene que en realidad deseamos librarnos de ella, y el significado correcto dependerá de los elementos del sueño y de nuestra relación con el otro en la vida real.

Tapiz

En nuestra sociedad actual no es frecuente soñar con tapices, que tuvieron su auge simbólico en siglos anteriores y lo mantienen en las culturas orientales. No obstante, es un elemento que puede aparecer en un sueño, generalmente como una representación de la propia vida del que sueña y de su destino.

Es entonces importante el tipo de escena que representa el tapiz (de caza, bucólica, cortesana, mitológica, etc.) y según ella componer la interpretación. Las características del tapiz, como su tamaño, tipo de bordado, colorido, estado de conservación, etc., son elementos a tener en cuenta como parte del significado del sueño.

Tatuajes

Hasta cierto punto los tatuajes cumplen una función simbólica similar a la de la vestimenta y los accesorios de adorno, que representan la imagen que queremos dar ante el mundo. Pero la particularidad del tatuaje es que es indeleble, y que en muchos casos sólo se muestra cuando se está desnudo o en ropa interior.

Si soñamos que llevamos un tatuaje en los brazos u hombros, indica que nos gustaría exhibir abiertamente algo de nuestra personalidad, real o supuesta. Si el tatuaje está en el pecho o la espalda, significa que nos reservamos el mostrar ese signo personal según cuándo y a quién. Si aparecemos con las piernas tatuadas, señala que queremos destacar algún atributo físico, ya sea estético o de fuerza. Soñar con un tatuaje en las nalgas, los senos, o el bajo vientre, sugiere el deseo de impresionar en los momentos íntimos.

Taxi

Viajar en taxi es cederle a otro la responsabilidad de que nos conduzca a donde queremos ir, a cambio de una suma de dinero. Así pues, un significado general del taxi es el deseo de dejarnos llevar, aun a costa de entregar o ceder algo a cambio.

Si soñamos que cogemos un taxi, debe aplicarse en principio la interpretación ya apuntada. Si en el sueño vemos pasar taxis, pero no los cogemos, indica que nos resistimos a pedir ayuda, pese a no confiar del todo en nuestras propias fuerzas. Si nosotros mismos nos vemos en el papel de taxista, indica disposición de ayudar y orientar a otros, siempre que ellos sepan cuál es su objetivo.

Un sueño de taxi muy frecuente es el de recelo o angustia porque el conductor no nos lleva al sitio indicado, o lo hace por un itinerario desconocido. Indica claramente una desconfianza inconsciente en dejar nuestros asuntos en manos de los demás, aunque nos veamos obligados a hacerlo.

Teatro

En las funciones de teatro se representa una ficción que cobra vida y se ve en vivo y en directo. Por una parte se trata de una fantasía, y por la otra de una realidad. Los sueños de teatro son entonces una mezcla de fantasía y realidad, que representan tanto lo que somos como lo que deseamos ser. Si soñamos que somos actores en una representación teatral, significa que el papel que jugamos en ella indica lo que deseamos ser o hacer en la vida real, o en algún aspecto de ésta. Si sólo nos vemos como espectadores, es como si asistiéramos a una representación simbólica de nuestra vida inconsciente, y la interpretación dependerá de lo que suceda sobre el escenario.

Soñar que nos encontramos en un teatro vacío es un vaticinio de nuevos acontecimientos en nuestra vida.

Techo, tejado

En el lenguaje común, «tocar techo» refiere a haber alcanzado la máxima posibilidad en un momento dado. De forma similar, en los sueños el techo simboliza lo mejor que puede lograrse, pero también el límite de nuestros logros posibles. Soñar que se ve o se toca un techo es un augurio de éxito y buenos resultados, pero también advierte que no debemos lanzarnos más allá de nuestras posibilidades.

Si el techo que vemos en sueños muestra grietas o está deteriorado, es una señal más seria y urgente de que no intentemos ir más allá de nuestras fuerzas.

Tejado. El tejado tiene un evidente significado protector, en cuanto resguarda la casa de las inclemencias del tiempo o de cualquier otra agresión externa. Si en el sueño el tejado está agujereado o se derrumba, advierte sobre la necesidad de tomar previsiones en algún aspecto de nuestra vida que hemos descuidado.

Tejer

En la simbología clásica la acción de tejer se relaciona con la paciencia, la laboriosidad y el paso del tiempo. Soñar que vemos a alguien tejiendo significa que si sabemos esperar sin cejar en nuestra tarea, finalmente alcanzaremos nuestros objetivos o cumpliremos nuestros deseos.

Telaraña

La telaraña tiene desde antiguo una gran fuerza simbólica, cuyo significado depende de la situación que desempeña en el sueño. Si sólo vemos varias telas, por ejemplo en un rincón o en un desván, indica que podemos vernos envueltos en problemas, en especial por cosas del pasado. Si la telaraña nos envuelve o estamos atrapados en ella, simboliza más bien una angustia psíquica o espiritual por algo que creemos que no podremos resolver (véase también *Araña*).

Teléfono

En el mundo onírico el teléfono suele simbolizar al mensajero de noticias inesperadas. Ése es el significado de la mayoría de los sueños en que aparece un teléfono, en especial si suena insistentemente y no lo cogemos. Si soñamos que hablamos por teléfono con alguien, indica que queremos poner distancia con esa persona. Si llamamos y no conseguimos comunicar, advierte sobre algún error en nuestra forma de relacionarnos con una o varias personas.

Tempestad (véase *Tormenta*)

Terremoto

En los tiempos bíblicos se creía que los terremotos eran castigos divinos por los pecados de los seres humanos, como en la destrucción de Sodoma y Gomorra. Ese simbolismo punitivo permaneció en la interpretación de los sueños, combinado con el significado real de catástrofe que suponen los movimientos sísmicos.

Soñar que se presencia un terremoto, sin tener participación activa en el sueño, augura que alguna calamidad ajena o lejana puede afectarnos si no tomamos precauciones. Si en el sueño estamos en medio de un terremoto, o éste afecta a nuestra propia casa, advierte que una causa exterior puede poner en peligro la seguridad o tranquilidad de que disfrutamos.

Tesoro

Soñar que encontramos un tesoro no significa, como podría pensarse, un augurio de bienestar económico y material. Es, sí, un sueño favorable, pero como anuncio de que aparecerá en nuestra vida una persona muy valiosa. Probablemente se trate de una relación amorosa, pero puede ser también amistosa o laboral.

Tierra, la Tierra

Como es sabido, esta palabra tiene dos significados: el nombre del planeta en que vivimos, y la tierra como elemento presente en él y nutriente de vida. En este último sentido representa la relación entre los aspectos más primarios y naturales, así como la génesis y sostén de la vida, hasta el punto de que muchos pueblos primitivos rendían culto a la «madre-tierra» o a diosas que la representaban.

Si en el sueño vemos una gran extensión de tierra, la interpretación depende de su aspecto. Si es tierra de pastoreo o vegetación natural, indica que nuestra salud y nuestros problemas físicos se verán protegidos y/o experimentarán una mejoría. Si se trata de tierra labrada o cultivada, alude a un buen desarrollo de los asuntos materiales y económicos. Si se trata de un erial de tierra yerma, vaticina problemas de salud, económicos, o ambos. Si soñamos que cogemos la tierra para sembrar o para preparar un tiesto, etc., indica que nuestra laboriosidad será recompensada (véase también *Jardín, Jardinería, Jardinero*).

La Tierra. Desde que se iniciaron los viajes espaciales y las fotografías por satélite, la visión de la Tierra como un planeta que flota en el espacio ha comenzado a aparecer en los registros de relatos de sueños. La interpretación más clara de esta visión planetaria remite a la tradición de los sueños astrales, en cuanto anuncio de elevación espiritual y mental, por encima de los planos «terrenales» (véase también *Astros*).

Tigre

El simbolismo del tigre se parece al del león, en lo que se refiere a fuerza y majestuosidad. Pero este felino tiene fama de ser más artero e implacable, al tiempo que ejerce una extraña fascinación sobre sus víctimas. Soñar con un tigre, entonces, significa que de algún modo deseamos identificarnos con estas características, para poder desquitarnos de alguien, o también seducirlo. En una simbología más indirecta el tigre representa una fuerza misteriosa, que puede ayudarnos o amenazarnos según la actitud del felino en el sueño.

Tijeras

La función de las tijeras es cortar, ya sea para separar o para dar forma a algo. En sueños generalmente aluden a relaciones amorosas o interpersonales. Así, si soñamos que cortamos un cordel o cualquier otra ligazón con unas tijeras, anuncia la posibilidad (o la necesidad) de una ruptura sentimental o afectiva. Si las utilizamos para dar forma a un recorte de papel, un molde de tela, etc., indica que podemos modelar mejor ese tipo de relación, si sabemos quitar lo que sobra y verla con mayor definición.

Tormenta

La tormenta ha sido siempre un símbolo de la fuerza colosal de la naturaleza, y también de la ira de Dios. Soñar con ella augura siempre conmociones y cambios, aunque no necesariamente desfavorables.

Si soñamos que estamos en medio de una gran tormenta, azotados por la lluvia y el viento, indica que sobre nosotros caerá un castigo divino o del destino, por algo de lo que nos sabemos culpables. Si nos vemos bajo un cielo tormentoso, con truenos y relámpagos, pero sin que llegue a desatarse la tormenta, es una seria advertencia de que aún estamos a tiempo de reparar el mal cuyo castigo tememos.

Pero si vemos la tormenta desde un lugar a cubierto, como por ejemplo a través de una ventana, indica que se producirán grandes y violentos cambios a nuestro alrededor, de los que finalmente saldremos beneficiados.

Toro, toro de lidia

El toro es un símbolo ancestral de fuerza y virilidad, asociado a instintos poderosos y desmedidos. Recordemos que Zeus se convierte en toro para raptar a Europa, o que el Minotauro devoraba a las doncellas que entraban en el laberinto.

Si un hombre sueña con un toro, significa que desea apropiarse de su agresividad y su potencia, generalmente de signo sexual. Si se trata de una mujer, puede referir también a deseos sexuales reprimidos, o a fantasías de violación. En otra línea de interpretación, el toro representa una fuerza protectora que nos defenderá de nuestros enemigos.

Toro de lidia. En la tauromaquia la fuerza del toro es reducida por sucesivos engaños, hasta llevarlo a la muerte. Ver en sueños una corrida de toros, indica en principio que sostenemos una lucha similar en nuestro interior, entre los impulsos primitivos y las normas y principios que hemos aprendido. Si vemos morir al toro, indica que nuestra razón prevalecerá. Si el toro coge al torero, es un anuncio de que nos podemos dejar llevar por los instintos, perjudicando nuestras relaciones o nuestros asuntos.

Torre

Una torre es un refugio contra los ataques exteriores: la elevación más alta de nuestro castillo personal, desde la que vigilamos el mundo exterior y sus peligros. Desde este simbolismo, soñar con una torre indica nuestros recelos y defensas frente a los demás.

Si nos vemos en lo alto de la torre, augura que defenderemos bien nuestros intereses, aunque quizá desde una posición demasiado rígida. Si desde el llano vemos a otro en la torre, señala que no nos será fácil convencer a otro de nuestros argumentos o sentimientos.

Otro simbolismo conocido es el de la «torre de cristal», en la que nuestro bienestar y autosatisfacción nos aíslan de los demás. Finalmente, en el psicoanálisis freudiano, la torre puede tener tanto un significado fálico como de encierro en sí mismo, dependiendo de la circunstancia del sujeto.

Tortuga

Soñar con una tortuga significa que deseamos protegernos y escondernos en nuestro propio caparazón, como lo hace este animal. Pero si vemos varias tortugas, o estamos rodeados por ellas, puede sugerir que tenemos dificultades en nuestras relaciones personales y sociales.

Otros atributos simbólicos de la tortuga son la lentitud y la longevidad, que deben también tomarse en cuenta para la interpretación general del sueño.

Tren

Desde que en el siglo XIX se generalizó el transporte ferroviario, el tren adquirió una clara simbología de paso de una oportunidad que debe cogerse en el momento preciso. De allí viene la conseja popular de «no perder el tren» en un determinado asunto, y su significado general en la interpretación de los sueños.

Si soñamos que vemos pasar un tren, sin una ubicación definida, anuncia que tendremos una ocasión de progreso o de cambio en el tema que más nos preocupa en ese momento. Si el tren se detiene en una estación y lo cogemos, augura que ese cambio se producirá próximamente. Si no lo hacemos, significa una advertencia de que estemos más atentos a una oportunidad que puede presentarse, o se ha presentado ya.

Soñar que viajamos dentro de un tren responde al significado general de traslado en un medio de transporte (véase *Viaje*).

Trigo

En las interpretaciones oníricas, el trigo y otros cereales de cultivo auguran abundancia de alimentos. Pero su significado es metafórico, en el sentido de que se trata de alimentos del espíritu, la mente o los sentimientos. De esta forma, soñar con grandes campos de trigo vaticina que pronto cosecharemos reservas y energías para afrontar mejor las vicisitudes de la vida.

Si en el sueño vemos trigo u otro cereal almacenado en un depósito, indica que esas reservas están ya a nuestra disposición y debemos aprovecharlas.

Tumba (véase *Cementerio*)

Túnel

El encontrarnos dentro de un túnel o pasadizo subterráneo es una situación bastante frecuente en los sueños, debido la fuerza de su simbolismo. El túnel es un camino oculto, oscuro y generalmente fatigoso para alcanzar un objetivo difícil o salir de una situación desagradable. Y casi toda persona tiene un objetivo que no puede alcanzar fácilmente por los caminos habituales, o una circunstancia oprimente de la que no puede librarse a la luz del día.

Los sueños de túnel son entonces metáforas de caminos alternativos, generalmente secretos o prohibidos, para alcanzar de forma subterránea nuestros deseos más íntimos o liberarnos de algún tipo de opresión. La interpretación en cada caso responderá a los otros componentes del sueño y a la situación del soñador en la vigilia.

Túnica

Habitualmente asociamos la túnica con personajes sagrados o seres muy puros y casi angelicales. Si en sueños vemos a personas conocidas vistiendo una túnica, ésta les otorga un aura de santidad, de capacidad para intervenir o interceder en nuestro favor.

Si no reconocemos a quien lleva la túnica, augura la intercesión o la ayuda de alguien en un tema que nos preocupa.

Si somos nosotros quienes llevamos la túnica, ésta representa nuestra alma, el estado en que se encuentra nuestra vestidura moral y espiritual. Si nos vemos con una túnica blanca y límpida, indica que hemos redimido nuestros errores. Si la vestidura está sucia o raída, advierte que aún hay manchas en nuestra conducta o en nuestras intenciones.

Umbral

Si en arquitectura el umbral representa la línea de entrada a un edificio, a ese carácter de límite espacial se le une en la simbología una significación temporal. Por eso se habla, por ejemplo, de «el umbral de una nueva era» o de «los umbrales del siglo XXI». En la interpretación onírica puede referirse también a un límite espacio-temporal entre planos y dimensiones espirituales o mentales.

Soñar que se está ante un umbral augura entonces un cambio importante en nuestra vida interior, ya sea en aspectos religiosos, morales o intelectuales. Si en el sueño nos colocamos frente al umbral, sin trasponerlo, advierte que depende de nuestra voluntad o resolución el salvar ese límite. Si damos el paso decisivo sobre él, indica que en realidad ya estamos entrando en esa nueva dimensión.

En ambos casos, el ámbito que veamos al otro lado del umbral sugerirá el tipo de cambio de que se trata.

Uniforme

El uniforme se asocia generalmente a lo militar, pero hay también uniformes por oficios, como el de camarero o enfermera. En todos los casos soñar que se viste un uniforme indica el deseo de tener una apariencia que nos identifique por nuestra actividad y por la pertenencia a un grupo organizado de iguales. Si en el sueño llevamos ropas militares, el significado se refiere más al deseo de orden y disciplina, sin descartar cierta ostentación. Si vestimos otro tipo de uniforme, la interpretación básica deberá matizarse con la del tipo de oficio o profesión que nos adjudicamos en el sueño.

Uvas

Soñar con uvas es siempre un signo de buen augurio, tanto en lo material como en otros campos de nuestra vida. Si las vemos en racimos, prometen también lozanía y disfrutes sensuales, así como muy buenas relaciones con los demás, especialmente en el terreno afectivo y amoroso.

Su relación con el vino y con los festejos que éste suele presidir vaticina también momentos de alegría compartida en buena compañía (véase también *Vino*).

Vaca

La vaca ha tenido en las distintas culturas diversas interpretaciones. Los antiguos pueblos agrícolas crearon la metáfora de las «vacas flacas» para significar épocas de dificultades y privaciones materiales. Los indostánicos la veneran aún hoy como animal sagrado, asociado a la fertilidad y a la naturaleza nutricia. En épocas más modernas se la considera también símbolo de bondad, pasividad y generosidad, y fuente de alimentos básicos para el desarrollo de la vida (véase también *Leche*).

Así, si en sueños vemos vacas gordas y saludables, augura un buen momento económico o de acumulación de bienes, mientras que las vacas flacas o enfermizas anuncian, como es sabido, lo contrario. Por otra parte, soñar con una o más vacas normales y tranquilas señala que nos beneficiaremos de sus virtudes simbólicas y, en general, nos faltarán recursos tanto materiales como espirituales y creativos.

Vacaciones

Las vacaciones son un momento de descanso y distracción de las tareas de la vida cotidiana. En ese sentido la interpretación de este tipo de sueño depende principalmente de dónde, cómo, con quién, etc., pasamos nuestras vacaciones oníricas, para lo cual habrá que consultar las entradas correspondientes.

No obstante, hay un significado básico por el solo hecho de que el sueño transcurre en vacaciones: se trata de una pausa, de un vaticinio de corta duración, que normalmente no afectará al transcurso habitual de nuestra vida.

Vagabundo

La imagen del vagabundo suele asociarse al libre albedrío, el desarraigo y la despreocupación por obligaciones sociales o materiales. Por lo general ver a un vagabundo en sueños es un anuncio de que dispondremos de mayor libertad y menos agobio en uno o varios asuntos que nos preocupan. Este buen augurio cambia si la imagen es negativa, ya sea porque vemos al vagabundo agotado o enfermo, o porque éste nos insulta o nos agrede en la escena onírica.

Valle

Desde la más ancestral tradición, el valle es símbolo de seguridad y refugio, así como también de fertilidad y longevidad en asociación con el curso de agua que le da vida. Si soñamos que vemos un hermoso valle, o nos encontramos en él, augura una época de tranquilidad que dará frutos durante un largo tiempo. Si divisamos un valle, o llegamos a él, después de una penosa travesía por la montaña, indica que muchos de nuestros problemas se verán resueltos y darán paso a la época serena y feliz que anuncia el sueño.

Vampiro

Hay dos tipos de sueños de vampiros: los que tratan del animal propiamente dicho; y los que aluden al personaje de leyenda encarnado por el conde Drácula. El primero no es muy frecuente, ya que el vampiro es una especie de murciélago de zonas tropicales que se alimenta de insectos y a veces chupa la sangre de los animales mientras duermen. Habitualmente, quien cree haber soñado con estos vampiros en realidad se refiere al genérico murciélago.

Soñar con un ser humano, hombre o mujer, espectro o viviente, que se alimenta de sangre humana, simboliza el temor a que otra persona nos esté «desangrando». Es decir, abusando en algún sentido de nosotros o exigiéndonos más de lo que podemos dar.

Si nos soñamos nosotros mismos en el papel de vampiro, indica que deseamos poseer o dominar a alguien, ya sea en sentido sexual o en otros aspectos de la relación con esa persona. En ambos casos se trata de manifestaciones del inconsciente y no de un sueño de augurio o de destino.

Vejez, viejos

Soñar con la propia vejez, si aún no se ha alcanzado, representa la forma en que inconscientemente prevemos el transcurso de nuestra vida, cualquiera que sea la situación en que nos encontremos actualmente. Si nos vemos como un anciano saludable y activo, rodeado de bienes y afectos, indica nuestro optimismo subyacente respecto al futuro. Si nos vemos como un viejo enfermo, decrépito y solitario, señala un pesimismo de base y una falta de fe en nosotros mismos.

Viejos. Soñar que vemos a uno o más ancianos o ancianas, o que nos relacionamos con ellos, augura longevidad y sabiduría. Si en el sueño los consultamos o los ayudamos en algo, refuerza el augurio y le agrega dones de generosidad y afectos.

Vela, velamen

Las velas tienen un antiquísimo prestigio esotérico como elemento fundamental en distintos tipos de ceremonias y rituales, incluyendo las eclesiásticas. Su simbolismo ancestral es el de interceder y comunicar con los planos ultraterrestres y astrales, convocando a las fuerzas espirituales o celestiales. De esta forma, soñar con velas es siempre anuncio de una experiencia de tipo transpersonal, de algún tipo de contacto con otra dimensión del universo psíquico o mental.

Si en el sueño encendemos una o más velas, nos advierte que disponemos de dones o poderes que pronto podremos utilizar. Si vemos las velas apagadas, o que se van apagando, avisa de que esos dones pueden desvanecerse si no les prestamos atención y dedicación.

Velamen. El ver en sueños barcos de vela, actuales o históricos, o simplemente su velamen desplegado al viento, es anuncio de avances de algún tipo en nuestra vida, gracias a un empuje inesperado. Se añaden también augurios de mayor libertad y momentos venturosos.

Velo

En la vida actual se ha perdido prácticamente el uso del velo como señal de duelo, aunque puede seguir apareciendo con ese sentido en los sueños (véase Luto). No obstante, mantiene su simbolismo inmemorial de ocultamiento, ya sea para tapar la fealdad como para esconder la belleza a ojos extraños. Ésos son, precisamente, los dos sentidos que se le puede dar a la interpretación de un sueño de velo.

Si la persona que vemos velada en sueños tiene ojos atractivos que nos miran de forma seductora, indica que hay alguien interesante o algo beneficioso que se nos oculta y deberíamos desvelar. Si, por el contrario, son ojos huidizos o de mirada amenazadora, señala que una persona o una organización esconde sus verdaderas intenciones, con fines adversos para nosotros.

Si es el soñador el que se ve con el rostro velado, advierte que estamos ocultando algo en algún asunto, y que quizá convendría mostrarnos como realmente somos.

Ventana

La ventana es el mirador desde el cual vemos el mundo exterior, sin arriesgarnos a sus amenazas e inclemencias. En ese sentido soñar que miramos por una ventana tiene una interpretación que depende de lo que veamos al otro lado. Si vemos un paisaje agradable o cualquier situación de la que nos agradaría participar, indica que nos encerramos demasiado en nosotros mismos y no nos atrevemos a vivir plenamente las cosas buenas de la vida. Por el contrario, si vemos un paisaje sombrío o una escena desagradable, augura la inminencia de un peligro del que debemos protegernos.

Para que la interpretación sea correcta, es necesario analizar también el significado onírico de lo que miramos en el sueño a través de la ventana.

Verano

El verano es una estación de plenitud y buen tiempo, asociada al disfrute del cuerpo y de la naturaleza, así como al descanso y las diversiones. Así, todo sueño que transcurre en verano está influido por ese aspecto beneficioso, que atenúa incluso las interpretaciones de mal augurio (véase también *Vacaciones*).

Verde

Se ha dicho ya que es raro soñar con un color en sí mismo, pero es frecuente que las escenas oníricas estén dominadas por una coloración predominante. En el caso del verde, sabemos que la tradición popular lo considera el color de la esperanza, quizá por su asociación con las buenas cosechas, los prados, e incluso los oasis en el desierto. Pero, aun dentro de la naturaleza, el verde es un color de inmadurez y de falta de sazón, que indica la necesidad de esperar antes de recoger los frutos. En ese sentido, todo sueño teñido por el verde se impregna de buenas expectativas, aunque aconseja la paciencia necesaria para aguardar el momento oportuno. En cualquier caso el verde, como cualquier otro color, agrega sólo un matiz a la interpretación básica del sueño.

Vestido

El vestido cubre nuestra desnudez y da indicios de nuestros gustos, estilo o posición social. Si soñamos con vestidos que no llevamos habitualmente, significa que deseamos modificar nuestra personalidad, o la imagen que damos frente a los demás. Si soñamos que poseemos muchos trajes y vestidos, señala una cierta tendencia acomodaticia, que cambia de actitud según la conveniencia de cada situación (véase también *Sombrero*).

Viajar, viaje

En la interpretación de los sueños, el hecho de viajar tiene tres significados básicos: el cambio, la huida y la búsqueda. Según las características del sueño, y la situación del soñador en la vigilia, puede utilizarse una de estas tres interpretaciones, y a partir de ella componer los significados de los otros elementos y detalles del sueño.

Viaje. El viaje es otra de las tradicionales metáforas de la vida, en su sentido de transcurrir más o menos accidentado desde un punto de partida a otro de llegada. Un sueño de viaje, entonces, no consiste sólo en encontrarnos en un tren o despedirnos en un aeropuerto, sino en que el sueño cubra todo un periplo, un recorrido lo bastante extenso y variado como para poder asimilarlo a nuestra vida, o a una etapa de ella. La interpretación dependerá, desde luego, de las condiciones de ese viaje y de lo que ocurra a lo largo del trayecto.

Viento

El viento representa una fuerza poderosa y ajena a nuestra voluntad, cuya aparición produce algún tipo de cambio en la situación presente. Por lo general es un sueño favorable, que anuncia renovación por la intervención de un golpe de suerte. La excepción es un viento muy violento y huracanado, que augura momentos de inseguridad y confusión, aunque probablemente con buen fin (véanse también *Aire* y *Tormenta*).

Vino

Desde los tiempos bíblicos de Noé, el vino simboliza la pérdida del sentido y la liberación de los instintos, generalmente con fines de celebración o de olvido de las penurias cotidianas. Esa connotación festiva y de pasajero desenfreno orienta el significado de los sueños de vino, que siempre son provocativos e interesantes para su interpretación.

Si en el sueño vemos vino en toneles, jarras o botellas, pero sin llegar a beber de él, indica el deseo reprimido de «soltarnos el pelo» y gozar más de la vida, olvidando las convenciones o la opinión ajena. Si bebemos vino moderadamente y a solas, señala que cada tanto sabemos apreciar los placeres a nuestro alcance, aunque para ello debamos pasarnos un pelín de la raya. Si compartimos el vino con la persona que amamos, y en especial si brindamos con ella, augura un momento de mayor disfrute de nuestros sentimientos mutuos y del amor sensual. Finalmente, si compartimos el vino con varias personas, en una actitud alegre y desinhibida, anuncia que nos esperan momentos de diversión y festejos a causa de algún éxito o acontecimiento feliz en nuestro entorno.

Visitas

Soñar que nos visita una persona que hace tiempo que no vemos, indica que deseamos una mayor aproximación a ella, pero de una forma superficial o temporaria. Si la visita es de uno o más desconocidos, indica que alguien aparecerá en nuestra vida, pero con ese mismo valor formal y provisional. Un sueño frecuente es que una visita inesperada nos sorprende sin arreglar o llega en un momento embarazoso. En general indica el temor a la opinión de los demás, o la existencia de algo en nosotros que nos avergonzaría exhibir

Volar, vuelo

Se dice que casi todo el mundo ha soñado alguna vez que volaba, quizá porque remontarse en el aire es una especie de aspiración ancestral del ser humano. Soñar que echamos a volar por nosotros mismos, o que nos encontramos volando, suele ser un sueño placentero que nos libera de ansiedades y nos despega de los problemas cotidianos. Ése es precisamente el significado principal de este tipo de sueños: el deseo o la necesidad de elevarnos por encima de las preocupaciones y conflictos de la vida diaria, en busca de nuevos horizontes o incluso de planos superiores para la mente y el espíritu.

Vuelo. Soñar que hacemos un vuelo en avión o cualquier otro artilugio onírico volador (una alfombra mágica, un globo, un caballo u otro animal alado, etc.) indica la fantasía de transportarnos a un sitio más placentero o a una situación más favorable, aun corriendo el riesgo de perder contacto con la tierra. (Para accidentes aéreos o situaciones similares, véase *Accidente*.)

Volcán

El volcán representa la fuerza ciega y ardiente de la naturaleza, y su gran potencia destructora. Los sueños de volcanes suelen ser por tanto de mal augurio, ya sea para quien sueña como para su entorno o sus seres queridos (véase también *Terremoto*).

Xenofobia

La xenofobia es el rechazo u odio al extranjero, que en realidad esconde un miedo irracional a lo diverso y un prejuicio supuestamente autoprotector. Si soñamos que rechazamos o agredimos a alguien por ser diferente de nosotros, indica que tememos que algún desconocido nos arrebate nuestra posición o nuestros afectos, de los que no estamos muy seguros.

Si en el sueño somos nosotros los rechazados al llegar a un lugar extraño, señala un miedo inconsciente a los traslados y a las situaciones nuevas, que nos impide buscar nuevos horizontes.

Xilofón

Es raro, pero no imposible, soñar con este agradable instrumento musical, muy frecuente en la música folklórica de algunos países de América con el nombre de «marimba». Por su sonido generalmente rítmico y alegre, soñar que vemos un xilofón, o que lo tocamos nosotros mismos, augura momentos festivos y felices.

Yate

En la sociedad actual el yate suele ser un signo de opulencia y de disfrute de la buena vida. Si soñamos que vemos uno o más yates desde la orilla, nos advierte sobre ambiciones desmedidas, sentimientos de envidia o resentimiento que debemos corregir.

Si en el sueño somos nosotros los que pilotamos nuestro yate, augura un buen momento para nuestros asuntos y un impulso favorable que nos proporcionará admiración y prestigio (véanse también *Navegar* y *Velamen*).

Yegua (véase *Caballos*)

Yogur

El yogur es un alimento que se asocia con la salud natural y el buen funcionamiento del organismo. Así, soñar que se ve, se compra o se come yogur augura una época saludable para todos nuestros asuntos, que motivará que todo marche bien, superando los posibles desajustes actuales.

Yugo

Soñar que vamos unidos a alguien por un yugo significa que debemos revisar nuestra relación con esa persona, para hacerla más libre e independiente.

Zaguán

En las casas antiguas, el zaguán era una especie de atrio o corredor que separaba la puerta de la calle y la entrada a la vivienda. Ser atendido en el zaguán era un signo de recelo o de escasa consideración, ya que se prefería no hacer entrar al visitante en la casa. En la interpretación onírica el significado es similar: si soñamos que esperamos en el zaguán, o nos reciben en él, indica que quizá no nos atrevemos a ir más allá por exceso de temor o respeto a una persona u organización.

Zambullir

Arrojarse de cabeza al agua implica un cierto grado de audacia y de fe en uno mismo. Y si recordamos que el agua alude generalmente a los sentimientos y la vida afectiva, soñar que nos zambullimos supone un vaticinio de que viviremos una situación sentimental imprevista, a la que nos lanzaremos decididamente confiando en nuestros recursos y nuestra personalidad.

Zapatos, zapatillas

Simbólicamente los zapatos nos llevan por la vida, y representan nuestra mejor o peor disposición para seguir andando. En cierta forma, el estado de los zapatos que calzamos en sueños simboliza nuestras fuerzas o estado de ánimo para los próximos pasos.

Así, soñar que llevamos zapatos nuevos anuncia circunstancias favorables que renovarán nuestros impulsos vitales. Si se trata de unos zapatos de siempre, viejos pero muy cómodos, indica que haremos mejor en seguir nuestra rutina, sin correr demasiados riesgos. Pero si los zapatos nuevos nos aprietan y molestan, o los viejos están ya muy desgastados y raídos, el sueño adquiere el significado contrario.

Zapatillas. Si en el sueño llevamos las zapatillas o pantuflas de andar por casa, advierte que quizá deberíamos salir de nosotros mismos y abrirnos al mundo exterior. Si calzamos cualquier tipo de zapatillas de deporte, avisa que debemos prepararnos para ponernos en acción.

Zarza

La zarza es el ejemplo típico del arbusto espinoso y agresivo, hasta el punto de que meterse en una discusión o una pelea es «enzarzarse» en ella. Si sólo vemos una zarza, o un zarzal, significa una llamada de atención sobre problemas que pueden perjudicarnos o situaciones que pueden herirnos.

Si en el sueño nos encontramos envueltos en un zarzal, cuyas espinas nos pinchan e impiden avanzar, augura que nos meteremos en complicaciones y enredos de los que nos resultará difícil salir sin algún daño.

Ver una zarza ardiendo, como vio Moisés en el Sinaí, vaticina algún tipo de revelación o comunicación de elevada espiritualidad.

Zodíaco

El zodíaco es una configuración del destino que tenemos marcado en el plano astral. En los sueños, la aparición de los signos del zodíaco o de las constelaciones en su disposición zodiacal indica que tenemos dudas sobre nuestro futuro o sobre problemas del presente, y quisiéramos saber cómo evolucionarán.

Si soñamos que nos hacen una carta astral, o vemos nuestro propio signo destacado y/o brillante, augura situaciones favorables y momentos venturosos.

Zoológico (véase *Animales*)

Zorro, «El Zorro»

El zorro es un animal astuto y furtivo, que merodea en busca del momento oportuno para atrapar su presa sin correr riesgos. Su presencia onírica no es frecuente, pero si aparece durante un sueño augura que alguien con esas características ronda a nuestro alrededor. Bastará con que estemos atentos y tomemos precauciones, ya que esa persona sólo se atreverá a atacarnos si nos ve distraídos y desvalidos.

El Zorro. Soñar con este personaje justiciero de la mitología popular augura que nos veremos envueltos en una situación de tipo reivindicativo. La interpretación depende de nuestra actitud en el sueño. Si lo apoyamos o luchamos a su lado, indica que se reparará una injusticia que nos ha perjudicado. Si, por el contrario, nos enfrentamos a él, señala que se nos reclamará algo con razón. En este caso, debemos aceptarlo para evitar males mayores.

Interpretación temática de los sueños

Los sueños son metáforas y augurios sobre distintos aspectos de nuestra vida, cuyo estudio admite también un seguimiento temático. Es decir, que no sólo se trata de saber e interpretar el significado de los elementos y situaciones soñadas, sino que también se puede analizar el mundo onírico a partir de un tema que nos interese especialmente.

Muchos estudiosos históricos y actuales han seguido este camino, especializándose en investigar y clasificar los significados que aluden a un determinado aspecto de la vida. Las personas que se dedican a anotar y estudiar los sueños, buscando interpretar sus significados, a menudo llevan también una agenda temática. Esto les permite saber qué aspecto de su vida aparece con más frecuencia simbolizado en ellos, a veces de forma secundaria o complementaria. Puede tratarse, por ejemplo, de alguien que tiene dudas espirituales o místicas, y desea conocer todos los augurios y mensajes oníricos de ese carácter a lo largo de una etapa de tiempo.

Creemos que éste es el primer tratado de sueños, dirigido al público en general, que recoge esa valiosa e interesante variable de la interpretación onírica. Se trata de una lectura temática «transversal» del anterior apartado de interpretación simbólica, que hemos ordenado en los cinco grandes planos en que se desenvuelve nuestra vida:

* El plano del amor y los sentimientos.
* El plano mental y espiritual.
* El plano material y económico.

* El plano de la salud y la vitalidad.
* El plano laboral y social.

Cada uno de estos planos incluye una introducción que explica a grandes rasgos la principal simbología onírica del tema, las líneas generales de su interpretación y su relación con los otros planos vitales.

La mejor forma de iniciarse en la interpretación temática es escoger el plano vital que más nos preocupa en este momento y realizar un registro detallado de todos los elementos y símbolos oníricos relacionados con él que aparecen en nuestros sueños. Éste nos permitirá trazar una línea temática, cuya significación es mucho más certera y valiosa que la simple interpretación de sueños aislados. Si no acertamos a decidirnos por un tema determinado, podemos también iniciar una agenda de sueños convencional, y a través de ella descubrir cuál es el plano vital que aparece con más frecuencia e intensidad en nuestro mundo onírico.

Hay también quien se propone un registro de los cinco planos vitales, a fin de ir estructurando un «mapa» completo de su personalidad y de su destino según la simbología onírica. Es una tarea laboriosa, pero apasionante y enriquecedora. Cualquiera que sea la actitud del lector o lectora, no dudamos de que le resultará útil la guía de interpretación temática que damos en las páginas siguientes.

Para su utilización correcta, debemos tener en cuenta que muchos elementos oníricos tienen simbolismos en más de un plano vital y que los significados se suman e influyen mutuamente. Es aconsejable consultar también la entrada temática del Diccionario de interpretación de los sueños, y conjugar todos sus significados, evitando una interpretación demasiado esquemática y directa. Por tanto, no debemos tomar las entradas de este apartado como una sentencia incuestionable, sino como una orientación para construir el verdadero significado de un sueño, según todos sus elementos, la forma en que interactúan y la situación de la persona que sueña en su vida en vigilia.

Es éste uno de los aspectos más consultados en la interpretación de los sueños, ya que a todas las personas sensibles les interesa especialmente conocer las alternativas y tendencias de su vida sentimental y afectiva. Es también un plano muy presente en la simbología onírica, y casi todos los símbolos tradicionales incluyen un significado que afecta a esta dimensión fundamental de la experiencia humana.

Debemos tener en cuenta que el inconsciente, fuente principal de los sueños, se mueve principalmente por sentimientos, deseos, apegos, pasiones, recelos y miedos más o menos ocultos, que alimentan la temática onírica. Lo mismo ocurre con el inconsciente colectivo, dimensión universal y eterna que proporciona a los sueños su carácter adivinatorio o de advertencia, casi siempre en relación con las emociones y sentimientos.

En este plano, como en otros, hay elementos simbólicos especialmente significativos, como el agua en todas sus formas y las flores y frutos, así como objetos tan simples como una jarra o una jaula, o figuras alegóricas como la de una reina o un jorobado.

En todos los casos, recordemos que los sueños nos hablan de nuestros sentimientos y nuestra vida sentimental con un código abierto, que debe adaptarse a cada persona y situación, y que sólo nosotros mismos podremos interpretar correctamente.

El plano del amor y los sentimientos

Es éste uno de los aspectos más consultados en la interpretación de los sueños, ya que a todas las personas sensibles les interesa especialmente conocer las alternativas y tendencias de su vida sentimental y afectiva. Es también un plano muy presente en la simbología onírica, y casi todos los símbolos tradicionales incluyen un significado que afecta a esta dimensión fundamental de la experiencia humana.

Debemos tener en cuenta que el inconsciente, fuente principal de los sueños, se mueve principalmente por sentimientos, deseos, apegos, pasiones, recelos y miedos más o menos ocultos, que alimentan la temática onírica. Lo mismo ocurre con el inconsciente colectivo, dimensión universal y eterna que proporciona a los sueños su carácter adivinatorio o de advertencia, casi siempre en relación con las emociones y sentimientos.

En este plano, como en otros, hay elementos simbólicos especialmente significativos, como el agua en todas sus formas y las flores y frutos, así como objetos tan simples como una jarra o una jaula, o figuras alegóricas como la de una reina o un jorobado.

En todos los casos, recordemos que los sueños nos hablan de nuestros sentimientos y nuestra vida sentimental con un código abierto, que debe adaptarse a cada persona y situación, y que sólo nosotros mismos podremos interpretar correctamente.

Los elementos simbólicos

Abejas. Soñar con una abeja solitaria, sobre todo si está posada sobre una flor o libando de ella, anuncia un encuentro de amor.

Abrazo. Si soñamos que nuestra pareja abraza a otra persona, significa que podemos estar seguros de su amor.

Accidente. Soñar con un accidente marítimo o un naufragio augura problemas de índole sentimental o afectiva.

Agonía. Una de las interpretaciones de un sueño de agonía es que puede anunciar momentos favorables en asuntos amorosos.

Agua. Contemplar una fuente de agua clara anuncia que nuestras relaciones afectivas serán serenas y placenteras.

Agujas. Soñar con agujas o alfileres anuncia problemas amorosos o sentimentales; pero si con ellas cosemos o remendamos algo, indica un buen momento para nuestros afectos.

Amor, amoríos. Soñar directamente con escenas de amor tiene la interpretación contraria, anunciando problemas y desavenencias sentimentales. Si soñamos que tenemos muchos amoríos, indica que nos sentiremos solos y sin afecto.

Amigos. Si soñamos con un amigo o amiga, advierte de la posibilidad de una desavenencia o un cambio en la relación.

Ángeles. Los ángeles de los sueños son portadores de buenos augurios de todo tipo, incluyendo los amorosos y sentimentales.

Animales. Si se sueñan en grupo y de especies diversas, los animales son una metáfora de nuestras relaciones afectivas. Su comportamiento en el sueño simbolizará su actitud hacia nosotros en la vida real.

Arco iris. Ver en sueños el arco iris brillando sobre un prado o paisaje llano augura problemas afectivos.

Atasco. Soñar con una tubería o desagüe atascado, que hace desbordar el agua, anuncia relaciones sentimentales intensas y felices.

Balanza. Ver en sueños una balanza de cualquier tipo advierte sobre la necesidad de un mayor equilibrio en nuestros juicios y actitudes personales.

Bebé. Los bebés representan en los sueños un anuncio de alegría y vitalidad. Soñar con ellos nos augura momentos felices, rodeados de atenciones y de cariño.

Besar. Soñar que besamos o somos besados indica buenas relaciones y sentimientos. Si besamos a nuestra pareja, augura momentos de amor y felicidad. Besar a alguien del otro sexo puede indicar fantasías ocultas de infidelidad o el deseo de que nuestra pareja cambie en algunos aspectos.

Caballo. Si en el sueño nos desprendemos de un caballo, sea por venta o de otra forma, significa que perderemos un afecto o amistad que nos son muy valiosos.

Cadáver. Aunque tiene también otros significados, soñar que vemos un cadáver puede anunciar el fin de un amor o de una relación afectiva.

Cama. La cama es un símbolo del amor carnal y de las relaciones eróticas y sexuales. Si la vemos amplia, limpia y arreglada, indica que todo irá bien en ese plano de nuestra vida; si está desarreglada o descuidada, augura problemas o desacuerdos con nuestro compañero sentimental.

Cántaro. En el mundo onírico, el cántaro simboliza a la mujer. Soñar con él significa que tenemos necesidad de un afecto femenino (madre, amante, amiga, hermana, hija, etc.) o que mejoraremos una relación de ese tipo.

Copa. En su simbología onírica relacionada con los sentimientos, la copa vaticina momentos favorables relacionados con el compañerismo, la amistad y el amor.

Corazón. Si en sueños nos late fuertemente el corazón, o lo sentimos dolorido, señala que debemos preocuparnos más por nuestros seres queridos y atenderlos mejor.

Cuchillo. Soñar con cuchillos advierte sobre sentimientos de odio o de venganza, que se volverán contra nosotros mismos.

Cuernos. Tal como dice la tradición popular, ver cuernos en sueños puede representar un engaño o traición amorosa.

Desierto. El desierto simboliza la soledad, las carencias amorosas y afectivas. Si en el horizonte se ve un oasis, o el mar, señala que esa situación puede revertirse pronto.

Diamantes. El diamante es el rey de las piedras preciosas, y en el terreno afectivo soñar con diamantes significa que nuestros amores y amistades serán sólidos y duraderos.

Dinero. En los sueños el dinero tiene también una significación sentimental. Si soñamos que encontramos o ganamos súbitamente dinero, se anuncia un disfrute amoroso, tal vez ilícito. Si, por el contrario, lo perdemos, significa que alguien querido y valioso se alejará de nosotros.

Disfraz. Soñar que vamos disfrazados indica que estamos ocultando nuestros sentimientos o emociones a alguien, o a los demás.

Ejecución. Presenciar en sueños una ejecución (por horca, fusilamiento, silla eléctrica, etc.) depende del papel que desempeñemos en ella. Si somos la víctima, significa que inconscientemente nos sentimos culpables de algo; si actuamos como verdugo, es que alguien nos abruma y deseamos quitárnoslo de encima.

Envolver. Envolver algo empaquetado con un tejido de red o cordeles entrecruzados señala que deseamos ocultar nuestras emociones y sentimientos. Si en el sueño desenvolvemos un paquete, indica que conoceremos los sentimientos ocultos de alguien.

Estrella. Ver en sueños una sola estrella remite a Venus, la diosa del amor. Por tanto, ese sueño nos anuncia una etapa venturosa en nuestros amores y relaciones afectivas.

Familia. Si se sueña con toda la familia reunida, o con varios miembros de ella, simboliza el mundo general de nuestras relaciones afectivas. La actitud que tengan en el sueño nuestros familiares indicará la situación de nuestro entorno sentimental.

Flecha. Soñar que nos clavan una flecha tiene la interpretación directa del «flechazo». Es decir, anuncia un apasionamiento súbito e intenso.

Flores. Las flores son una de las simbolizaciones directas de nuestra vida sentimental. Si en sueños las vemos frescas y rozagantes, augura venturosos momentos románticos. Si se ven secas o marchitas, indica que habrá problemas que podrán superarse, para mantener así el augurio favorable de las flores

Frutas. Las frutas tienen un simbolismo sentimental semejante al de las flores, pero con un sesgo hacia los aspectos sensuales de la relación amorosa. Si se trata de frutas muy maduras y carnosas, vaticina muy buenos momentos de goce erótico.

Garganta. Si en sueños sentimos que se nos cierra la garganta, o nos ahogamos, indica que tenemos dificultades para expresar nuestros sentimientos.

Gritos. Los gritos oníricos, sean propios o ajenos, representan siempre un reclamo de dedicación y de afecto.

Guantes. Si en sueños llevamos guantes, indica que guardamos demasiada distancia hacia los demás. Si alguien nos da la mano enguantada, señala recelo o desinterés por nuestra persona.

Guerra. Entre los cambios que siempre augura el soñar con una guerra, se encuentran los sentimentales y amorosos, ya sea por ruptura de una relación o por nuevos afectos.

Habitación. Ver en sueños que nos encontramos en una habitación cerrada o clausurada augura que estamos demasiado aislados y encerrados en nosotros mismos. Pero soñar que nos vemos en un dormitorio ajeno vaticina aventuras románticas.

Harén. Si un hombre sueña que se encuentra en un harén o gineceo, augura aventuras y amoríos variados pero insustanciales, a causa de su inmadurez afectiva. Si la que sueña que está en un harén es una mujer, indica que aun sintiéndose atractiva teme la competencia sentimental de otras mujeres.

Hermanos. Soñar con hermanos del otro sexo señala carencia de experiencias amorosas o sexuales. Si en el sueño nos «inventamos» un hermano o hermana inexistente, simboliza una necesidad imperiosa de afecto (véase *Incesto*).

Incesto. Si en un sueño presenciamos un incesto entre hermanos, significa que estamos excesivamente ligados a alguien. En general, todos los sueños de incesto tienen un componente de inmadurez e insatisfacción afectiva y sexual.

Infierno. Soñar que nos encontramos en el infierno indica que debemos pedir el auxilio de las personas que nos quieren para resolver nuestros conflictos anímicos y morales.

Insectos. En el mundo onírico, los insectos representan a la gente, a los demás. La interpretación, referida siempre a nuestros sentimientos hacia los demás y los que nosotros les provocamos, depende de su actitud y de la relación que establezcamos con ellos en el sueño.

Jardín. Soñar con jardines augura sentimientos y amores serenos y felices, ajenos a los impulsos instintivos y pasionales.

Jarra. Una jarra, o cualquier recipiente similar, augura oníricamente nuestro futuro sentimental. Si la jarra está vacía, debemos dedicar más atención a nuestros afectos; si está llena, vaticina momentos de intensa felicidad; si el líquido que contiene llega a derramarse, advierte que podemos caer en excesos pasionales. Si la jarra es transparente, podremos expresar mejor nuestros sentimientos que si es opaca.

Jaula. En los sueños, visualizar una jaula es una simbolización de nuestra vida amorosa. Si la jaula está vacía, indica que no dedicamos suficiente atención a este plano de nuestra vida. Si en ella hay un pájaro, señala que disfrutamos de un amor verdadero o que lo encontraremos pronto.

Jorobado/a. Ver en sueños a una persona jorobada del sexo opuesto anuncia una gran aventura de amor.

Lavarse. Si soñamos que nos lavamos o bañamos placenteramente, con sales y perfumes, significa que debemos prepararnos para un encuentro amoroso nuevo e importante.

Luna. La presencia de la Luna en los sueños, aunque sea como elemento secundario, representa siempre nuestro futuro sentimental. Si es luna nueva, anuncia un nuevo amor; en cuarto creciente, buenos momentos románticos; en plenilunio, una etapa muy placentera o un encuentro maravilloso; en fase menguante, algún debilitamiento que puede ser superado.

Llaves. Soñar que se abre una puerta con una llave augura momentos románticos de plenitud y felicidad. Si alguien nos entrega unas llaves, indica que esa persona nos ofrece una promesa de comprensión y de apoyo.

Llavero. Si en el sueño hemos extraviado el llavero, señala nuestros miedos inconscientes a quedarnos solos y sin afectos.

Llanto. Cuando en un sueño nos vemos llorando, vaticina el advenimiento de una nueva etapa, más pura y clara, en nuestras relaciones sentimentales.

Lluvia. La lluvia, en cuanto agua, refiere siempre a nuestros sentimientos y relaciones afectivas. Una llovizna suave y continua anuncia una etapa de serena felicidad.

Margarita. La margarita es una flor de buen augurio, sobre todo en los amores incipientes. Pero hay también un componente de temores y dudas sobre la profundidad y permanencia de ese nuevo amor.

Melocotón. Esta fruta, que a menudo se asocia al cuerpo femenino, augura momentos de sensualidad y felicidad con nuestra pareja, o anuncia la llegada de un nuevo amor que será dichoso.

Mesa. Una mesa bien puesta, con platos abundantes, significa que disfrutaremos de buenos momentos de amistad y cariño, especialmente en el ámbito familiar.

Nadar. El agua y el mar representan nuestras pasiones e instintos primarios, ocultos en el seno del inconsciente. Si en el sueño nadamos con facilidad, disfrutando y sintiéndonos seguros, indica que mantenemos un equilibrio controlado entre pasión y razón, que favorece nuestras relaciones amorosas y afectivas.

Naranja. La flor del naranjo, el azahar, es alegoría del amor romántico, tal como lo simboliza en las ceremonias de boda. Soñar con un naranjo en flor es por tanto signo de felicidad y alegría en el amor, y si el árbol tiene también frutos augura también el disfrute del amor sensual.

Ocas. En el mundo onírico las ocas siempre simbolizan la suerte en el amor y la felicidad de la pareja, en especial si vemos uno o más de estos animales nadando en un lago o estanque.

Orejas. Si vemos las orejas como elemento importante de un sueño, representan la relación con nuestra pareja o la persona más querida. Según la forma que presente la oreja, significa el estado de esa relación.

Palomas. Ver en sueños una o más palomas es siempre un vaticinio onírico de serenidad y alegría. Si vemos dos palomas juntas, arrullándose, es un evidente símbolo de suerte y felicidad en el amor.

Pantera. Este felino representa en el mundo onírico la voluptuosidad femenina, seductora pero también riesgosa. Si un hombre sueña con una pantera, indica deseos sexuales reprimidos. Si es una mujer, indica el deseo de ser atractiva y sensual, o dudas y celos en su relación amorosa.

Perdiz. En la simbología onírica, la perdiz es símbolo del placer y del amor sensual. Si la vemos en el sueño advierte sobre deseos reprimidos, y también anuncia que si liberamos esos deseos podremos satisfacerlos.

Plantas. Las plantas representan en los sueños nuestras relaciones y nuestros afectos. Si las vemos frescas y lozanas, indican que tenemos una vida afectiva intensa y feliz. Si están marchitas o secas, advierte que debemos cuidar mejor de los seres queridos y saber expresarles nuestros sentimientos.

Quemaduras. Sufrir quemaduras en sueños, o tenerlas en nuestro cuerpo, augura discusiones o conflictos con nuestra pareja o nuestro entorno familiar. Como consecuencia es probable que nos sintamos heridos e incomprendidos.

Rana. Soñar con una rana vaticina buenos momentos afectivos y conquistas amorosas. El significado es opuesto si vemos muchas ranas mezcladas con otros bichos, tales como sapos o salamandras y musarañas.

Reina. La figura de la reina es siempre de buen augurio en asuntos amorosos, sobre todo si una mujer se sueña a sí misma en el papel de reina.

Rejas. Si soñamos que unas rejas nos separan de la persona amada (por ejemplo, en un balcón), significa que los obstáculos que impiden o dificultan nuestro amor pronto desaparecerán.

Retrete. Ver en sueños a una persona en el retrete señala nuestro deseo de descubrir su intimidad, generalmente en un sentido amoroso y/o sensual.

Rojo. Color del fuego y de la sangre, el rojo tiñe de pasión y vehemencia los sueños en que aparece como color dominante.

Rosa. Flor de la buena fortuna, la rosa augura suerte favorable y momentos felices, en especial en temas sentimentales y románticos.

Sangre. Si soñamos que alguien que conocemos muestra hilillos de sangre en el rostro o las manos, indica que esa persona está sufriendo por nosotros, probablemente a causa de un sentimiento amoroso.

Sed. Soñar que sentimos sed significa que hay un ansia o un deseo que no podemos calmar. Pero si en el sueño saciamos la sed, augura que pronto alcanzaremos nuestro anhelo.

Sexo. Los sueños de escenas sexuales tienen una interpretación bastante directa en el terreno sentimental y sensual. Si la escena onírica es placentera, vaticina que disfrutaremos de una relación amorosa plena y feliz.

Sol. Todos los sueños en los que interviene el astro rey son siempre de muy buen augurio para todos los asuntos, y también los sentimentales. El Sol brillando sobre el mar augura una gran ventura en el terreno amoroso.

Tesoro. Si soñamos que encontramos un tesoro o que nos hallamos en una estancia atestada de riquezas, indica que tendremos un encuentro con una persona que será fundamental en nuestra vida afectiva.

Tijeras. En principio soñar con tijeras vaticina una ruptura o separación en nuestras relaciones sentimentales. Pero si en el sueño las usamos para recortar y dar forma a algo (un papel, una tela, etc.), advierte que la ruptura puede evitarse si remodelamos nuestra actitud, separando sus aspectos negativos.

Uvas. Las uvas, sobre todo cuando se ven en racimos maduros y abundantes, son un claro augurio de placeres sensuales y de mayor libertad y deleite en nuestras relaciones amorosas en pareja o en grupo.

Vino. Si en el sueño compartimos el vino con la persona amada, y en especial si brindamos con ella, augura que nuestra relación se hará más profunda y placentera.

Viejos. Si en el sueño alternamos con personas ancianas y les prestamos nuestra ayuda, augura una larga vida rodeada de respeto y afecto.

Xenofobia. Soñar que rechazamos o agredimos a alguien por ser extranjero o diferente, indica que tememos que otros nos arrebaten el cariño de los seres queridos.

Yate. Si soñamos que vemos yates o veleros lujosos desde la orilla, señala la presencia de sentimientos ocultos de envidia y resentimiento.

Zambullida. Soñar que nos arrojamos al agua vaticina que viviremos una situación sentimental osada e imprevista.

El plano mental y espiritual

Ésta es la dimensión más profunda y compleja de nuestra existencia, que en los sueños suele manifestarse de maneras muy sutiles o a través de símbolos que se entrecruzan e influyen entre sí. Debe tenerse presente que el plano mental y espiritual está presente en todos los otros aspectos de la vida, y también en la materia de los sueños. Podemos por tanto encontrar un rasgo de simbología mística o intelectual en sueños presididos por otros elementos temáticos o, por el contrario, descubrir indicios sobre aspectos afectivos, materiales o sociales en un sueño enmarcado en el plano espiritual. Es importante también distinguir los dos subplanos mencionados en el título que, aunque ligados entre sí, tienen características y límites propios.

El subplano mental refiere a todo lo relacionado con el funcionamiento de nuestra mente, utilizando todos los recursos y capacidades del cerebro y su sistema neuronal. Entran en él los conocimientos, experiencias, ideas, reflexiones, estudios, comprobaciones, análisis, etc., que se apoyan en la labor de la inteligencia, la memoria, la creatividad, la imaginación y el razonamiento. Toda esa actividad mental ocupa un espacio fundamental en la existencia, cualquiera que sea nuestra profesión, nivel cultural o coeficiente intelectual. La interpretación de los sueños referidos a este plano puede ayudarnos, por lo tanto, a enriquecer y disfrutar esas aptitudes, pero principalmente a orientar nuestra vida hacia la sabiduría y la perfección. Y es precisamente la perfección, en su manifestación más alta, el eje en el que gira el otro subplano, que aquí denominamos espiritual. En esta dimensión de nuestra existencia se expresan todos los sentimientos, intuiciones, deseos, dudas, impulsos y revelaciones que nos llevan a buscar una elevación hacia los aspectos más sublimes de la vida, trascendiendo sus límites terrenales. La religión, el misticismo, la meditación, el espiritualismo, la vida interior, son los canales que orientan esa búsqueda y nos muestran sus posibles caminos. Pero no podremos avanzar por ellos sin un sentido de justicia, tolerancia y benevolencia, sin unos criterios éticos y principios morales que nos hagan merecedores de esa perfección trascendental.

Sobre todos estos temas, estrechamente entrelazados, se dan en este apartado los símbolos y significados oníricos más habituales y su interpretación básica. Desde luego, se trata sólo de una guía u orientación, que en este plano exige una especial atención y cuidado en la búsqueda de su sentido correcto, con la ayuda de una buena dosis de intuición y autoconocimiento.

Los elementos simbólicos

Astros. Ver en sueños los astros flotando en el cosmos anuncia momentos de gran plenitud mental y profundidad espiritual.

Azul. Si el azul es el color dominante en un sueño, todo su contenido se impregna de aspectos espirituales y cósmicos.

Banquete. Presenciar o participar de un banquete no refiere, como podría suponerse, a bienes materiales, sino también a aspectos espirituales y místicos. Significa así que sentimos «apetito» para alimentar nuestra alma y nuestra mente, y compartir con otros nuestras dudas.

Baño. Ver un cuarto de baño en sueños anuncia una etapa de higiene espiritual y mental, en la que aclararemos nuestras ideas y nuestros principios éticos.

Barba. Las figuras barbadas representan generalmente la sabiduría, y anuncian momentos favorables al intelecto y la creatividad. Si nos soñamos con una barba que no llevamos en la vida real, indica un inminente cambio de nuestras actitudes en estos temas.

Barro. Según el *Génesis,* nuestro primer padre, Adán, fue moldeado en barro por el Creador. Soñar con barro, especialmente si se trata de arcilla de modelar, favorece la imaginación y las dotes creativas.

Beber. Si se sueña que se bebe agua, es un signo de purificación interior y de fuerza moral y espiritual.

Búho. Desde la más lejana antigüedad, el búho representa la sabiduría y el conocimiento. Soñar con esta ave nocturna augura buena fortuna en asuntos de estudios o análisis reflexivos, así como que recibiremos sabios consejos en ese sentido.

Cabellos. Los cabellos abundantes suelen representar la fuerza física, la que perdió Sansón cuando Dalila le cortó su larga melena. Pero Sansón había usado esa fuerza para destruir un antro de pecado, por lo que soñar con cabelleras indica que utilizaremos nuestros recursos materiales en favor del bien y de nuestras convicciones morales o religiosas.

Castillo. Uno de los significados oníricos del castillo es el de simbolizar los aspectos espirituales y la vida interior de quien sueña. Así, el tamaño, aspecto y solidez del castillo representan nuestro estado en esos planos vitales.

Cielo. Los sueños de cielo tienen una relación tradicional con el misticismo y la devoción religiosa. En cualquier caso indican aspiraciones de elevación espiritual y de búsqueda de los planos superiores de la existencia.

Cruz. Soñar con una cruz, en cualquiera de sus formas, indica un sentimiento de vacío interior y la necesidad de aclarar nuestras dudas y contradicciones espirituales o morales. Si la cruz está en el suelo, indica indecisión sobre el camino que debemos seguir en nuestras creencias y convicciones.

Desmayo. Si en un sueño perdemos el sentido y caemos desmayados, augura el riesgo de debilitar nuestros principios y alejarnos de nuestros ideales.

Edificar. El soñar con una obra en construcción, o vernos edificando algo, anuncia una etapa en nuestra vida de gran creatividad y producción en el terreno de las ideas, la imaginación o el arte.

Elefante. Este gran paquidermo representa en el mundo onírico virtudes como inteligencia, sabiduría, paciencia, y buena memoria, que ayudarán a quien sueña en el futuro inmediato para el desarrollo de sus relaciones y acciones.

Frío. Los sueños en que sentimos mucho frío o estamos en un crudo paisaje invernal refieren a un aislamiento interior con fines intelectuales o espirituales.

Fuego. Ver en sueños uno o varios fuegos suspendidos en el firmamento es un augurio de gran fuerza moral y resplandor espiritual.

Globos. Si vemos uno o más globos elevándose hacia el cielo, es una advertencia onírica de que debemos prestar más atención a nuestra vida mental e interior. Si soñamos que nosotros mismos viajamos en un globo, anuncia momentos de elevación espiritual por encima de los problemas cotidianos.

Guerra. Los sueños de guerra siempre anuncian cambios o transformaciones importantes, que pueden afectar a nuestra vida mental y espiritual.

Harapos. Los harapos han simbolizado siempre el desprendimiento de los bienes terrenales y la entrega a fines contemplativos o místicos. Si en sueños nos vemos vestidos de forma andrajosa y sucia, vaticina que pasaremos por una etapa de privaciones para buscar en planos más altos o profundos de nuestra persona.

Iglesia. Soñar que vemos cualquier tipo de templo indica que podemos vivir una experiencia religiosa o mística. Si el templo es específicamente una iglesia, se añade un significado de protección por parte de una figura femenina importante.

Lavarse. En el simbolismo tradicional, y también en el de los sueños, lavarse el rostro y/o las manos (ablución) es un gesto de purificación y de humildad y debemos prepararnos para una experiencia espiritual o mística.

Lechuza. Como su pariente el búho, la lechuza representa dones de conocimientos y sabiduría. Pero en su caso particular, con un fuerte sesgo hacia el ocultismo y el saber esotérico.

Manos. Soñar con manos velludas, o que las nuestras tienen más vello que en la realidad, vaticina momentos de gran imaginación y creatividad. Pero vernos con las manos juntas expresa que tendremos dudas o vacilaciones de tipo religioso.

Mariposa. La mariposa tiene significados oníricos muy variados. En el plano mental, si la vemos nacer, saliendo de su crisálida, anuncia cambios y transformaciones. Si es una mariposa de alas muy oscuras o negras, vaticina problemas por falta de estudio y análisis de algún asunto.

Medicamentos. Tanto en el plano mental y espiritual como en otras dimensiones de la existencia, el ver o tomar medicamentos en sueños representa que necesitaremos una ayuda exterior para resolver un problema que nos afecta.

Monos. Soñar con monos en estado salvaje simboliza nuestros aspectos más primitivos y ancestrales, indicando la necesidad de elevarnos y mejorar, tanto en aspectos intelectuales como morales.

Montaña. Los sueños de montañas expresan siempre deseos o posibilidades de elevación y superación, pero también auguran esfuerzos y dificultades a superar para llegar a cumplir este vaticinio.

Niebla. La niebla difumina nuestra visión de la realidad y oculta a las personas y a las cosas. Si soñamos que estamos en la niebla, significa dudas y desconcierto en asuntos espirituales o morales. Pero este tipo de sueño puede también indicar que deseamos ocultar algo.

Ojos. En el mundo onírico los ojos simbolizan la luz y el conocimiento. Si soñamos con unos ojos que nos miran fijamente, es un anuncio favorable para nuestros aspectos espirituales e intelectuales. Si soñamos que vemos mal, o que visitamos a un oculista, es que no conseguimos entender algo de la realidad o la distorsionamos.

Parto. En el plano mental y espiritual, soñar que presenciamos un parto es señal favorable a los aspectos creativos, en especial si los hemos venido gestando y madurando durante un tiempo. Generalmente se trata de proyectos o ideas en los que hemos puesto mucha dedicación y esfuerzo.

Pastor. El pastor que apacenta su rebaño es un claro símbolo onírico de guía espiritual y personal. Si lo vemos en sueños, representa que alguien sabio y generoso nos ayudará en nuestras dudas místicas o éticas. Si nos vemos nosotros como el pastor, indica que nos sentimos seguros de nuestras ideas y creencias, y con capacidad de transmitirlas y guiar a los demás.

Pino, piña. El pino, árbol que se mantiene verde todo el año, es en el sueño una señal de esperanza y de fe. Por otra parte su fruto, la piña, esconde tras una apariencia seca y dura la sabrosa madurez de los piñones. Así, si soñamos con pinares o piñas es un augurio de que debemos confiar en nuestras fuerzas espirituales y mentales, ya que pronto encontraremos algo noble y verdadero por lo que luchar.

Reloj. Soñar que vemos un reloj de tipo carillón, u oímos sus campanadas, advierte que nos estamos demorando en afrontar algún problema interior o espiritual.

Salto. Si en sueños saltamos hacia arriba, para alcanzar algo o superar un obstáculo, augura momentos de gran elevación interior y desarrollo intelectual.

Sol. El astro rey influye con su luz y su calor en todos los aspectos de la existencia. En el plano mental, nos augura mayor fuerza moral y superación anímica y espiritual.

Suciedad. La suciedad es una clásica metáfora del pecado y de la mala conciencia. Si en sueños nos vemos sucios o con las ropas manchadas, representa que hemos hecho algo inmoral o incorrecto, y nos sentimos culpables por ello. Pero así como la suciedad puede quitarse, con mayor o menor esfuerzo, también podemos redimir esas malas obras si queremos volver a estar limpios.

Telaraña. Si soñamos que estamos envueltos en telarañas, o atrapados en una de ellas, expresa una angustia interior o confusión mental, que puede llegar a paralizarnos y hacernos daño.

Tierra, la. Soñar que vemos nuestro planeta flotando en el universo simboliza un fuerte deseo de superarse y de apartarse de los problemas cotidianos, para buscar una elevación y la comprensión de planos más altos de la existencia.

Túnica. La túnica, sobre todo si es blanca, es nuestra vestimenta espiritual, la representación onírica de nuestra vida interior. Según la veamos en el sueño (limpia o sucia, lisa o arrugada, entera o en jirones, etc.), representará el estado en que vemos nuestra alma.

Umbral. Trasponer un umbral en sueños simboliza siempre un paso hacia otra dimensión existencial, un cambio o una transformación profundos de nuestra vida interior.

Vaca. Ver vacas saludables pastando o en un corral significa que nos espera una época de realizaciones creativas y desarrollo espiritual, acompañada de bienestar y seguridad material.

Velas. Las velas encendidas son tradicionalmente un instrumento de comunicación con los planos superiores o divinos, y anuncian una revelación o visión mística o un contacto con otra dimensión psíquica y mental. Si en el sueño vemos las velas apagadas, o las apagamos nosotros mismos, advierte que rechazamos o negamos ese plano fundamental de nuestra vida.

Viejos. Las personas ancianas simbolizan en todas las culturas la experiencia y la sabiduría. Pero para que el sueño augure la protección de esos dones, es necesario que en él alternemos con los ancianos y/o les prestemos ayuda.

Vino. El vino tiene un carácter sagrado en muchos cultos, incluyendo la misa católica. Soñar que bebemos vino, moderadamente, augura una comunión con la divinidad, y también un enriquecimiento interior en el plano ético y moral.

Volar. Los sueños en que nos vemos volando son muy frecuentes, e indican un deseo o necesidad de elevarnos mentalmente y liberarnos de prejuicios y represiones inconscientes.

Zarza. Si en sueños vemos una zarza ardiente, similar a la que vio Moisés en el monte Sinaí, se trata claramente del anuncio de una revelación o comunicación de tipo místico.

El plano material y económico

A los seres humanos siempre nos ha preocupado el plano de la seguridad y el progreso material, desde disponer de los ingresos imprescindibles para mantener la familia y el hogar, hasta las legítimas ambiciones de prosperidad o las fantasías de recibir una fortuna súbita y abundante. En muchos sentidos, el bienestar y la tranquilidad económica permiten y favorecen el desarrollo de nuestras posibilidades en otros planos de la vida, así como la escasez limita o impide esas posibilidades.

Pero el plano material, como las otras dimensiones de la existencia, nunca es absolutamente estable y siempre está sujeto a la posibilidad de evoluciones y cambios, sean favorables o perjudiciales. Esa ansiedad casi constante en torno a la situación material afecta tanto a los que disponen de grandes riquezas como a los que pasan privaciones y penurias económicas. Es sabido que grandes reyes o magnates han consultado frecuentemente a magos y augures sobre estos asuntos, y que aun en los barrios más humildes prosperan videntes y adivinos cuya modesta clientela desea conocer su futuro en el orden material.

La interpretación onírica da también una gran importancia a este plano, y son abundantes los símbolos, metáforas y significados que refieren al mundo material y a los asuntos económicos y de dinero. Como es habitual, los elementos más directos (abundancia, monedas, joyas, etc.) tienen a veces un significado desfavorable, o no simbolizan nada en este plano, mientras que otros aparentemente negativos (ahorcados, excrementos, asesinatos, etc.) indican un augurio favorable. Pero la interpretación correcta no se limita a estos extremos, y debe obtenerse con el estudio detenido de los significados básicos, su combinación y sus relaciones con la situación actual del que sueña.

Los elementos simbólicos

Abundancia. Es un sueño de simbología contraria, ya que soñar con abundancia de bienes, riquezas, alimentos, etc., indica el riesgo de perder lo que poseemos, probablemente por exceso de ambición.

Accidente. Si presenciamos un accidente ferroviario o lo sufrimos, augura que tendremos problemas de dinero.

Agonía. El ver a una persona agonizante es indicio de buena suerte en general, incluyendo la prosperidad material.

Ahorcado. Si soñamos que vamos a ser ahorcados es augurio de un súbito progreso material, posiblemente por una asociación o por matrimonio.

Amamantar. El pecho materno es la primera fuente nutricia, y por tanto soñar que nos amamantan es señal de mejoras materiales y de buen éxito en los negocios.

Ambulancia. Ver pasar una ambulancia u oír su sirena es una señal de que nuestros asuntos se verán beneficiados y protegidos. Pero si somos nosotros los que vamos en la ambulancia, anuncia alguna dificultad que debe ser atendida de inmediato.

Ángeles. Ver ángeles en sueños tiene un significado de buena suerte en general, y también de éxitos y ganancias económicas. Pero si en el sueño los ángeles están enfadados y nos recriminan o amenazan, anuncian pérdidas y penurias a causa de nuestros errores.

Apostar. El significado onírico de la apuesta refiere al riesgo innecesario y al éxito ilusorio. Así, si en sueños nos vemos apostando en juegos de azar o competencias hípicas o deportivas, es un claro anuncio de que podemos perder nuestros bienes por necedades y fantasías.

Araña. Ver en sueños una araña apostada en su tela es vaticinio de progresos materiales, pero siempre que actuemos con prudencia. Si nos precipitamos, podemos frustrar las buenas oportunidades que anuncia el sueño.

Árboles. Los árboles, sobre todo si son grandes y robustos, son símbolo de protección y de seguridad. Verlos o pasearse entre ellos en sueños representa que nuestra vivienda y nuestros bienes se encuentran resguardados y nuestra situación prosperará sin riesgos.

Arco iris. Si en sueños vemos este fenómeno apareciendo entre montañas o en un paisaje escarpado, augura la solución a nuestros problemas materiales y también un mayor bienestar económico.

Arroz. Según la escuela oriental de interpretación de sueños, el arroz representa la suerte en los negocios y asegura prosperidad.

Asesinar. Si soñamos que quitamos la vida a alguien, es un augurio de éxito inmediato e inesperado en algún trabajo o negocio.

Asesinato. Presenciar un asesinato en sueños augura una etapa de buena situación material y prosperidad en nuestras actividades.

Atar. Cuando en un sueño atamos y/o envolvemos cualquier clase de objetos, advierte que debemos ordenar nuestros asuntos económicos y prestarles mayor atención y dedicación.

Besar. Los besos oníricos tienen muchos y variados simbolismos. En el plano material, el besar a nuestra pareja anuncia prosperidad, pero si soñamos que besamos el suelo o una pared es anuncio de penurias y problemas económicos.

Brazos. Los brazos simbolizan nuestra fuerza y resistencia en la lucha por la vida. Si soñamos con brazos grandes y fornidos, augura buenos resultados en nuestros negocios o inversiones. Si vemos brazos delgados y débiles, el augurio es de signo contrario.

Caballerizas. En el mundo onírico las caballerizas y establos representan los bienes o reservas que aseguran nuestro bienestar. Si las vemos llenas, con animales fuertes y sanos, vaticina que no debemos temer por nuestro futuro. Si las vemos vacías, o con unos pocos caballos flacos y enfermizos, advierte que nuestras reservas pueden ser insuficientes para afrontar una situación difícil.

Caballo. En la imaginería tradicional las figuras montadas son ricas y poderosas, mientras que los pobres van a pie. Si en el sueño nos vemos montando un caballo, es augurio de prosperidad y poderío material. Pero si lo abandonamos o lo vendemos, señala que perderemos bienes muy preciados o una posición que se suponía sólida.

Cabellos. Los cabellos abundantes indican en general una situación sólida y saludable en todos los aspectos. Por eso soñar que los perdemos, o que estamos calvos, puede anunciar un perjuicio material de cierta importancia.

Cabeza. Quizá no sea un sueño habitual, pero si nos vemos con la cabeza separada del cuerpo significa que nuestra situación mejorará, gracias a un cambio súbito que nos librará de algunos problemas.

Cabra. Es éste un animal cargado de simbolismo, sobre todo en el plano esotérico. En el material sólo tienen significado si las vemos hermosas y bien cuidadas, lo que indica prosperidad e incluso una posible riqueza.

Camisa. La camisa es una de las metáforas más difundidas de la situación material de una persona. Si en sueños llevamos la camisa limpia y nueva, anuncia beneficios y negocios favorables; si está sucia o descosida, augura problemas diversos y penurias de dinero.

Campanario. Ver un campanario, o directamente las campanas, tiene una significación onírica que vaticina prosperidad. Pero este augurio no es válido si en el sueño sólo oímos las campanadas.

Cisne. El cisne es un símbolo de elegancia y aristocracia, que a su vez se asocian al lujo y la riqueza. Soñar con cisnes es por tanto un augurio de novedades afortunadas, que mejorarán notablemente nuestra posición económica y social.

Cofre. Por su asociación con los tesoros y joyas, soñar con un cofre u otra caja de metal es un vaticinio sobre nuestra fortuna personal. Si el cofre está lleno, anuncia una situación desahogada y sin riesgos; si está vacío, señala que tendremos inconvenientes y tropiezos económicos. Si en el sueño vemos sólo el cofre cerrado, advierte que nuestra prosperidad depende del esfuerzo y la habilidad personal.

Colina. Si en sueños nos vemos subiendo a una colina, o en lo alto de ésta, augura que nuestras ambiciones materiales serán satisfechas. Pero si caemos o rodamos por ella, anuncia que un exceso de codicia puede llevarnos a perderlo todo.

Cordero. El principal simbolismo del cordero es de tipo espiritual, pero tiene también significados en el orden material. Así, si vemos un nutrido rebaño, o lo apacentamos nosotros mismos en sueños, vaticina buenos beneficios y bienestar económico. Si por el contrario vemos animales dispersos o abandonados, advierte sobre indecisiones y problemas de dinero.

Corona. Ver una corona de oro u otro metal, y sobre todo si en el sueño la ceñimos a nuestra cabeza, es un excelente augurio de bienestar material y de poder económico o financiero (véase también *Rey*).

Cuna. La cuna no suele tener una significación especial en el plano económico, salvo que en el sueño se vea en ella a varios niños. En ese caso indica prosperidad y progresos materiales.

Desfile. Presenciar en sueños un desfile o una parada militar augura un incremento fácil e inesperado de nuestros bienes, o del beneficio de nuestras actividades.

Diamantes. Símbolo indiscutible de lujo y de riqueza, pero también de buen gusto y refinamiento, soñar con diamantes vaticina que alcanzaremos una sólida fortuna material, acompañada de un bienestar general en todos los órdenes de la vida.

Dinero. En el mundo onírico el dinero no siempre anuncia más dinero, sino a menudo todo lo contrario, o tiene un simbolismo relacionado con otros planos de la existencia. Soñar que se gana o se tiene dinero en exceso generalmente indica pérdidas materiales por ambición o mala administración. Sin embargo, soñar que se encuentra dinero por casualidad y sin haberlo buscado augura buena suerte en asuntos económicos.

Edificar. Soñar que edificamos cualquier tipo de obra o construcción es un claro índice de éxito y buenos resultados en nuestros proyectos y empresas de orden material, aunque no en aquellos de tipo exclusivamente financiero o especulativo.

Embriaguez. Los sueños en los que nos sentimos embriagados representan una exaltación temporaria, a causa de un acontecimiento que nos saca de quicio. Si se trata de un achispamiento alegre y festivo, augura un suceso favorable para nuestra economía. Si es una borrachera pesada y melancólica, avisa de una pérdida o fracaso en la gestión de nuestros bienes.

Excrementos. Quizá por una ironía de los antiguos maestros de la interpretación onírica, los excrementos simbolizan el dinero y la buena fortuna en general. Verlos en sueños es siempre de buen augurio, pero si los pisamos sin querer el vaticinio favorable puede alcanzar a la verdadera riqueza.

Fantasma. Ver en sueños a un fantasma de los típicos, con su sábana y sus cadenas, es un seguro augurio de prosperidad. Los espectros, zombies, etc., tienen otros significados ajenos al plano material.

Fosa. La fosa, sobre todo si es mortuoria, representa nuestra suerte inmediata en asuntos materiales. Si estamos dentro de ella, vivos o muertos, es un augurio favorable en ese sentido. Si estamos fuera, anuncia adversidad y desprotección en los temas económicos.

Frutas. Las frutas cítricas, como naranjas, limones, mandarinas, etc., son siempre un anuncio de prosperidad cuando aparecen en los sueños.

Ganado. La presencia en sueños de ganado de cualquier especie es desde tiempo inmemorial un vaticinio sobre nuestras posibilidades económicas. Si vemos en el sueño un rebaño numeroso y tranquilo, anuncia un futuro de riqueza.

Granizo. Al igual que en la realidad, el granizo anuncia en los sueños la posible destrucción o deterioro de cosas materiales. Pero el daño será pasajero, y no afectará a los otros planos de nuestra vida.

Gusano. Si vemos un gusano arrastrándose por una rama y/o devorando los tallos y hojas frescas, augura que sufriremos pérdidas económicas. Soñar con gusanos en cualquier otra situación o actitud no tiene significados en el plano material.

Hermanos. Soñar con uno o más hermanos del mismo sexo vaticina que conseguiremos buenos resultados en nuestras actividades económicas. Si se trata de hermanos imaginarios, indica que ese éxito dependerá de nuestra iniciativa y creatividad.

Hierro. Como casi todos los metales, el hierro está ligado a la solidez y seguridad de los asuntos materiales. Pero si en el sueño se ve oxidado y cubierto de orín, señala pérdidas económicas por descuidos o mala administración.

Higos. Ver higos en sueños es siempre un buen augurio en el terreno de los negocios y las inversiones. Cuanto más maduros se vean los frutos, más inmediato y abundante será el anuncio de prosperidad.

Huevos. La simbología de los huevos alude a la nutrición y la buena salud. En el orden material, soñar que comemos huevos vaticina una posición saludable y un prolongado bienestar económico.

Inundación. Ver en sueños cualquier tipo de inundación es signo de pérdidas materiales. Si la inundación invade nuestra casa, el peligro es mayor y más inmediato.

Joyas. Aunque en la vida real las joyas simbolizan la riqueza, en el mundo onírico sólo son favorables si las vemos en un escaparate, sin cogerlas ni ponérnoslas. Soñar con otra persona que lleva joyas, pero con elegancia y moderación, augura que alguien poderoso nos ayudará en nuestros asuntos materiales.

Ladrón. Si en sueños vemos a uno o más ladrones en acción, indica temores e inseguridad respecto al rumbo de nuestros asuntos económicos. Si nos vemos a nosotros mismos en el papel de ladrones, augura una ganancia inesperada, pero quizá no demasiado honesta.

Mantequilla. En la tradición onírica del norte de Europa, la mantequilla representa un anuncio de prosperidad e incremento de nuestros bienes o reservas.

Mariposa. Ver a una mariposa que sale de su crisálida augura cambios y transformaciones en nuestros asuntos materiales. Serán muy favorables si la mariposa echa a volar y tiene alas grandes y de hermosos colores.

Medias. En otros tiempos la gente acostumbraba a guardar sus ahorros dentro de una media o calcetín de lana. La relación entre estas prendas y el dinero se mantiene en la simbología onírica, por lo que soñar con ellas es un augurio de bienestar económico. Pero si las medias que vemos en sueños están deshilachadas o agujereadas, anuncian problemas y pérdidas imprevistas. Si en el sueño nos quitamos las medias, habrán cambios en nuestros negocios o asuntos de dinero.

Mendigo. Negar una limosna a un mendigo es signo de que tendremos problemas de dinero, quizá por una actitud demasiado egoísta o autosuficiente. Si nosotros mismos nos soñamos en el papel de mendigo, augura que nuestra prosperidad depende de la ayuda de otras personas.

Mercado. El mercado es uno de los símbolos oníricos más directos de la situación o posición económica del que sueña. Así, si vemos un mercado atestado de frutos y mercancías, es un claro augurio de prosperidad y abundancia. Si los puestos se ven semivacíos y con poca clientela, el beneficio será seguramente menor, pero dentro del vaticinio favorable de los sueños de mercado.

Mesa. Ver en sueños una mesa tendida pobremente y con escasos alimentos indica privaciones y penurias económicas. No obstante, ver una mesa abundante no es señal de prosperidad ni tiene importancia en el plano material.

Minas. La misma palabra mina es comúnmente una metáfora de riqueza obtenida con facilidad. En el mundo onírico soñar con una mina de cualquier tipo anuncia beneficios y provechos que nos llegarán sin gran esfuerzo. La excepción es la mina de carbón, que augura sacrificios.

Monedas. Como otros símbolos muy directos, las monedas tienen en los sueños un significado contrario. Soñar con monedas, al igual que con billetes de banco y dinero en general, vaticina privaciones y dificultades económicas.

Naipes. Los naipes, como todos los juegos en los que interviene el azar, presagian pérdidas económicas y materiales. En este caso no se deberán sólo a la mala suerte, sino a nuestra imprevisión y exceso de audacia, con lo cual tal vez estemos a tiempo de evitar el mal presagio.

Nieve. Soñar que vemos nieve en copos o pequeñas cantidades, sobre todo si jugamos con ella, augura abundancia y prosperidad material. Otros sueños de nieve no tienen significados que afecten a este plano de la vida.

Ratas. Las ratas son la peste de los graneros y de los alimentos almacenados de cualquier tipo, por lo que verlas en sueños augura una amenaza para nuestros bienes, reservas o inversiones financieras.

Oro. Desde tiempo inmemorial el oro es el metal precioso por excelencia, símbolo de la riqueza y el poder material.

Así, soñar que vemos o encontramos oro es siempre de muy buen augurio en asuntos de bienes o de dinero. Pero soñarnos en el papel de buscadores de oro indica un exceso de codicia y ambiciones, quizá con un punto de ingenuidad, lo mismo que si nos vemos pretendiendo fabricar oro, como los antiguos alquimistas.

Ostras. En todas las tradiciones, especialmente las islámicas y orientales, la ostra y su perla es un símbolo de bienes y riquezas. Soñar con ellas es por tanto augurio de bienestar material y bonanza económica.

Palma. En la tradición bíblica y cristiana la palma es el símbolo de celebración de los triunfos, las buenas nuevas y la resurrección. Soñar con ellas es por tanto augurio de éxitos o de recuperaciones que pueden referir a la situación económica, sin excluir los otros planos de la existencia.

Pan. El alimento básico de la humanidad en todas las épocas y latitudes tiene un claro simbolismo referido a la subsistencia y a la situación material. Soñar que amasamos u horneamos pan indica que la confianza en nuestras aptitudes para salir adelante y progresar dará muy buenos frutos. Pero si en el sueño buscamos pan, o lo comemos con ansiedad, señala la inseguridad o temor a pasar penalidades, tanto de tipo económico como personal.

Peral. El peral, como otros árboles frutales, simboliza en los sueños la situación de nuestros bienes y asuntos materiales, así como sus perspectivas. De modo que si soñamos con un árbol sano y lleno de frutos maduros, indica seguridad y prosperidad económica. Si las peras aún están verdes, señala que aún deberemos esperar un poco para alcanzar esa situación. Si en el sueño vemos un peral sin frutos, deshojado o seco, advierte que nuestra situación material puede pasar por problemas y dificultades.

Rey. Soñar que vemos la figura de un rey es siempre un buen augurio en asuntos de dinero y de poder material. Si nosotros mismos nos vemos en el papel de rey, ese vaticinio favorable se hace más intenso y más próximo (véase también *Corona*).

Ruinas. Pese a su significado catastrófico en el lenguaje cotidiano («estar en la ruina», o «arruinado»), en el mundo onírico las ruinas adquieren siempre un sentido de advertencia, de aviso de la necesidad de proteger nuestros bienes para no caer, precisamente, en la ruina.

Sol. Entre los muchos poderes simbólicos del astro rey, se cuenta su protección en el plano económico. Si en el sueño lo vemos brillar sobre edificios o zonas urbanas, es de muy buen augurio para nuestros asuntos materiales.

Tierra. La visión en sueños de una extensión de tierra bien labrada y cultivada es un claro vaticinio de prosperidad y seguridad en nuestros asuntos económicos y nuestros bienes. Por el contrario, si la tierra es yerma y árida, anuncia problemas y dificultades que sólo podrán superarse con gran esfuerzo y dedicación.

Uvas. El soñar que vemos o comemos uvas, especialmente si están en su racimo, es siempre un excelente augurio en todos los sentidos, y también en relación al bienestar y la prosperidad material.

Vacas. Cuando en los tiempos bíblicos José interpretó los sueños del faraón, la visión de unas vacas flacas anunciaba un tiempo de privaciones y escasez. Ese significado ancestral se mantiene en la simbología onírica actual, así como el soñar con vacas gordas sigue augurando una época de bonanza y bienestar económico (véanse también *Ganado* y *Rebaño*).

El plano de la salud y la vitalidad

Encontrarnos sanos de cuerpo y mente, con ánimo y energías adecuadas, nos permite disfrutar mejor y más plenamente de nuestra vida afectiva, espiritual, intelectual y social. La enfermedad encierra a las personas en sí mismas, obsesionadas por el miedo al dolor y el temor a la invalidez o a la muerte. Es por eso por lo que los augurios o advertencias del mundo onírico relacionados con la salud y la vitalidad son uno de los aspectos que más interés despiertan en el arte de la interpretación de los sueños.

Si nuestro cuerpo se encuentra enfermo, aunque nosotros mismos no lo sepamos, transmite al inconsciente señales de peligro y de aflicción. Cuando mientras dormimos nuestra mente se abre al mundo onírico, esas señales se transforman en símbolos que representan esos males. En algunos casos, la interpretación correcta de su significado nos da también pistas sobre su ubicación, origen y grado de gravedad o posibilidades de curación.

Algo semejante ocurre con el inconsciente colectivo universal, que puede ver toda nuestra vida desde el plano astral y predecir las peripecias de nuestra salud y los altibajos de nuestra vitalidad, así como la duración prevista de nuestra existencia terrenal. Si desde esa dimensión superior nos llegan también mensajes en forma de símbolos oníricos, es porque esos designios nunca son definitivos, y siempre podemos volverlos a nuestro favor por medio de la prevención, el esfuerzo y la voluntad. En este plano, más que en ningún otro, el significado de los elementos simbólicos debe matizarse según nuestra propia condición física y psíquica en ese momento de la vida real, y también atender a sus posibles combinaciones e influencias mutuas. La correcta interpretación de los sueños relacionados con la salud y la vitalidad será así una guía inestimable para poder alcanzar una vida plena y dichosa en todos los planos de la existencia.

Los elementos simbólicos

Aborto. Presenciar un aborto o colaborar en él significa que correremos un riesgo físico, ya sea por enfermedad o por accidente.

Abrazo. Si vemos que otras personas se abrazan, sobre todo si son conocidas o de nuestro entorno, augura que alguien próximo a nosotros sufrirá una enfermedad grave, e incluso puede llegar a morir.

Abuelos. Si vemos en sueños a nuestros abuelos que están vivos, es una advertencia de que debemos dedicarnos más a ellos y preocuparnos por su salud. Si se trata de abuelos ya fallecidos, es un aviso similar sobre nuestra propia persona.

Accidente. Si en el sueño vemos un accidente de carretera, o lo sufrimos nosotros mismos, augura problemas de salud y desarreglos orgánicos.

Agua. El agua lava y purifica nuestro cuerpo, y soñar con ella en cualquiera de sus formas es un vaticinio de mejora de nuestra salud física, o de prevención protectora si nos encontramos sanos. Este augurio se refuerza si en el sueño bebemos el agua, o nos lavamos con ella.

Ahogado. Ver en sueños un ahogado no es necesariamente un mal augurio, pero si intentamos salvarlo sin conseguirlo, es probable que anuncie que un ser querido caerá enfermo o correrá algún peligro.

Altar. El altar es en general un símbolo protector, pero si lo vemos desnudo de sus atributos sacros y descuidado, anuncia malestares y sufrimientos tanto físicos como psíquicos.

Amarillo. El amarillo, en especial en sus tonalidades plenas y luminosas, es un color que simboliza alegría y bienestar. Si en un sueño éste es el tono dominante, introduce en su interpretación simbolismos de vitalidad y energía psicofísica. Si se presenta con matices pálidos o verdosos, puede augurar debilitamiento, depresión o molestias digestivas.

Ángeles. En el mundo onírico, los ángeles son siempre un símbolo favorable en todos los órdenes. En el plano de la salud anuncian la mejora o desaparición de dolores y malestares, sobre todo si son de tipo crónico. Si los ángeles se muestran enfadados o nos dirigen reproches, indica que estamos descuidando la atención de nuestro cuerpo o cometiendo abusos que comprometen nuestra salud.

Arroz. Ver plantaciones de arroz o soñar que comemos este cereal es un vaticinio de una vida longeva y saludable.

Atasco. Si en sueños vemos un atasco en una tubería o desagüe, que hace desbordar el agua, indica que nuestra salud física mejorará y nuestro cuerpo estará protegido por la acción curativa y purificadora del agua.

Ataúd. Si en el sueño vemos a alguien conocido dentro de un ataúd o caja mortuoria, anuncia que esa persona sufrirá una enfermedad o un accidente dentro de los próximos doce meses. Si nos vemos a nosotros dentro del ataúd, el augurio es el mismo. En ambos casos el mal puede ser curable y no necesariamente fatal, como podría sugerir este elemento fúnebre.

Balneario. El significado onírico de los balnearios o fuentes de aguas termales es el de la necesidad de reposo y cuidados corporales y anímicos. Si en el sueño nos vemos en un balneario, advierte que necesitamos un descanso, y quizás una visita al médico, para prevenir un desgaste físico y mental excesivo y reponer energías.

Banca. Los bancos, como sitios donde se guarda o se pide dinero, simbolizan la situación de nuestras energías y reservas físicas. Si en el sueño ingresamos una buena suma, o tenemos un saldo favorable importante, indica que nuestro organismo está sano y sabrá defenderse de infecciones o contagios. Si estamos con un saldo exiguo o en números rojos, es una advertencia de que vamos agotando nuestras reservas y debemos tomarnos un descanso.

Bisturí. Como instrumento quirúrgico, el bisturí simboliza que algo debe ser corregido o extirpado. Si soñamos que vemos un bisturí, o que un cirujano nos opera con él, advierte que hay algo que no va bien en nuestro organismo, y que debemos consultar cuanto antes al médico.

Botella. Ver en sueños una botella vacía es una señal inequívoca de malestares y problemas de salud. Por el contrario, la botella llena o semillena no tiene el significado opuesto, ni ningún otro simbolismo en este plano.

Brazos. Si en el sueño vemos que nuestros brazos están muy delgados y sin fuerzas, significa que podemos sufrir problemas de salud si no nos cuidamos y preservamos mejor nuestras energías.

Búho. La simbología onírica del búho, o de su prima la lechuza, no alude en principio al plano de la salud. Pero si en el sueño oímos sus gritos en la noche, tiene un significado de mal agüero para nuestro bienestar físico o psíquico.

Cabellos. Los cabellos son la representación de la fuerza física y la energía interior. Cuando en un sueño vemos que se nos cae o alguien nos lo corta, advierte sobre un posible decaimiento de nuestra salud. Si nos soñamos con el pelo muy rizado, puede significar que viviremos momentos de angustia y desarreglos psíquicos.

Cabeza. La cabeza es el símbolo onírico de nuestra salud mental. Si en el sueño nos duele o la tenemos herida, augura problemas en ese sentido. Pero si la vemos sola, separada del cuerpo, vaticina un excelente estado de salud y la superación de los malestares que podamos sufrir en ese momento.

Cama. Pese a que los enfermos suelen guardar cama, este mueble no representa un significado especial referente a la salud. Pero si en el sueño vemos una cama muy arreglada y adornada, es probable que anuncie que caeremos en ella por un malestar o enfermedad pasajera.

Corazón. El corazón es tradicionalmente el órgano que simboliza la vida, y con ella el estado de nuestra salud. En sueños tiene un simbolismo directo, de forma que si nos duele o late a destiempo, augura la presencia de un malestar o enfermedad. Si por el contrario late con fuerza, o lo visualizamos pleno y activo, vaticina un futuro sano y el buen funcionamiento de todo el organismo.

Cuervo. Se trata de un ave de mal agüero en diversos aspectos de la vida, entre ellos el de la salud. Pero si en el sueño el cuervo nos habla, como en el cuento de Allan Poe, ese mal augurio se desvanece, aunque sin llegar a ser reemplazado por un vaticinio favorable.

Elefante. El gran paquidermo es un animal poderoso y longevo, cuyo simbolismo onírico tiene diversos significados. Si cuando nos encontramos enfermos o debilitados físicamente soñamos con uno o más elefantes, es un anuncio de que pronto nos recuperaremos de nuestro mal.

Enfermedad. Como suele ocurrir en el mundo onírico, soñar que tenemos una enfermedad, o que vemos enfermos, no tiene relación simbólica con el plano de la salud. Su simbología alude preferentemente al plano del amor y los sentimientos.

Escalera. La escalera es un símbolo muy adecuado de los altibajos de nuestras energías y de la situación de nuestra salud. Si en sueños nos vemos en lo alto de una escalera, indica que dispondremos de gran vitalidad y entraremos en una época muy saludable. Si nos vemos en los peldaños más bajos, o al pie de la escalera, señala debilidad y falta de energías, que debemos cuidar y reponer para no caer enfermos. Si soñamos que una escalera se cae, es augurio de problemas de salud; si nosotros caemos o rodamos por ella, esos problemas pueden ser bastante serios. Por el contrario, si levantamos una escalera y la montamos o apoyamos, anuncia que superaremos nuestros males y nuestra salud general mejorará.

Frío. El frío es un símbolo onírico de la vida sana y de la fortaleza física y mental. Si en un sueño sentimos un intenso frío, por más que tiritemos o nos congelemos, es un claro vaticinio de una etapa muy saludable y vital.

Frutas. Las frutas, con su consistencia carnosa, sus colores vivos, y su piel que puede reflejar u ocultar anomalías internas, son una nítida metáfora del cuerpo humano y de su estado de salud. Así, si en el sueño vemos frutas rebosantes, maduras y frescas, es un augurio muy favorable para nuestra vitalidad y salud general. Si están picadas, arrugadas o descompuestas, representan algún mal orgánico que aún no hemos advertido. Por otra parte, soñar con frutas del bosque, como moras, grosellas o frambuesas, es un anuncio de longevidad lúcida y saludable.

Guerra. Sabemos ya que en la simbología onírica la guerra es un vaticinio de cambios de todo tipo. En el orden de la salud puede significar un anuncio desfavorable si el que sueña se encuentra sano. Si en ese momento se está enfermo, este sueño augura una pronta y sorprendente recuperación.

Gusanos. Pese a su simbología popular como representantes de la putrefacción y de la muerte, en el mundo de los sueños los gusanos no tienen en principio un significado relacionado con la salud. No obstante, una línea de interpretación minoritaria sí les atribuye el augurio de una enfermedad mental o de la propia muerte.

Herida. La herida, sobre todo si es sangrante, es un típico ejemplo de sueño de significado contrario, quizá por las virtudes curativas atribuidas antiguamente a las sangrías. O sea que, si soñamos que estamos heridos y sangramos, significa que nos libraremos de nuestros males y molestias y en adelante disfrutaremos de muy buena salud.

Hierba. El origen de esta interpretación onírica no es muy claro, pero casi todos los tratados coinciden en ella: soñar que comemos hierba advierte que debemos tener más cuidado con nuestra salud, y adoptar medidas preventivas y protectoras.

Hilo. Un hilo tendido es una representación de la vida, aunque no siempre tengamos «la vida en un hilo». Si en el sueño vemos un hilo largo y bien tensado, vaticina buena salud y longevidad. Si el hilo es corto, enredado o deshilachado, significa problemas y dificultades para la salud y la energía vital. Soñar con un hilo largo, pero flojo y colgante, formando un arco, vaticina una enfermedad crónica pero no fatal.

Hormigas. Si en el sueño las hormigas trepan por nuestras piernas y nos recorren el cuerpo, indica achaques y malestares no muy graves pero sí molestos. Es posible que se relacionen con la piel o las vías respiratorias.

Hospital. Una vez más nos encontramos aquí con un símbolo de significado opuesto, ya que soñar que visitamos un hospital o nos encontramos ingresados en él es un contundente augurio de muy buena salud.

Leche. La leche es un alimento nutritivo y vigorizador, cuyo simbolismo onírico es bastante directo: si soñamos con leche, y sobre todo si en el sueño la bebemos, es augurio de buena salud y de constante vitalidad. Si la leche está agria o cortada, advierte de la necesidad de una revisión médica para descartar algún mal imprevisto.

Otoño. El otoño suele relacionarse metafóricamente con la etapa de la vida en que empezamos a envejecer y declinar. Soñar con paisajes otoñales, o que nos encontramos en esa estación del año, tiene un significado que depende de la edad del que sueña. Si es una persona mayor, quizá sea una indicación de que el otoño biológico es inevitable pero natural, y se deben tomar las precauciones y actitudes que permitan vivirlo con salud y vitalidad. Si quien tiene un sueño otoñal es una persona joven, puede indicar que su vida se acerca a su fin.

Ratas. En la época medieval, cuando las ratas fueron agentes de las pestes que diezmaron a Europa, los intérpretes de sueños les adjudicaron un simbolismo muy negativo respecto a la salud y la propia vida. Ese significado se ha suavizado hoy en día, pero soñar con ratas sigue siendo anuncio de algún tipo de amenaza para nuestra salud o nuestra vitalidad.

Retrete. Al utilizar el retrete se eliminan los residuos sobrantes del organismo, al tiempo que se alivia el ánimo. Ver un retrete o servirse de él en sueños, augura por tanto la eliminación de cualquier agente maligno para nuestra salud física, y buena disposición y fortaleza en nuestro equilibrio psíquico.

Río. Ver un río o arroyo estrecho, tortuoso, de caudal débil, es anuncio de falta o decaimiento de nuestra energía y vitalidad.

Rosa. Ver esta flor, sobre todo varias reunidas en un ramo, es un augurio favorable para nuestra salud. Pero este vaticinio sólo tiene valor durante un corto lapso de tiempo.

Sol. Si en el sueño vemos el Sol brillando sobre un paisaje natural, es un excelente augurio de amparo y fortalecimiento de nuestra salud, tanto en el plano corporal como en el psíquico y mental.

Tierra. Ver una tierra no cultivada, pero con bella y abundante vegetación natural, es vaticinio de protección y mejora de nuestros problemas físicos, en especial reumáticos y circulatorios.

Yogur. Este popular producto lácteo tiene un significado onírico semejante al de la leche, incluso más claro y reforzado, aunque aparece con menos frecuencia en los sueños (véase *Leche* en este mismo apartado).

El plano laboral y social

En el mundo moderno los dos subplanos que forman este apartado suelen estar muy próximos y a menudo entrecruzarse. Buena parte de nuestra vida social se genera por relaciones laborales y profesionales, y todos sabemos que los contactos sociales son fuente de nuevos trabajos, encargos o recomendaciones. Esos dos mundos entrelazados tienen en común el trato con los demás, en un plano que no es ya el de la familia y los afectos, y exige por tanto mayor formalidad, saber estar, medir los distintos niveles de relación y, sobre todo, lo que el lenguaje popular llama «tener mano izquierda».

Ser exitosos y reconocidos en nuestro trabajo es algo que todos deseamos, así como ser populares y brillantes en el trato en sociedad. Los sueños son con frecuencia el mundo donde liberamos esos deseos, con sus correspondientes temores y fantasías.

Una buena lectura del significado de los sueños en este plano, que nos permita saber nuestras capacidades y posibilidades, pero también reconocer advertencias sobre posibles errores o malos momentos, puede ser una guía muy valiosa para mejorar los resultados de nuestra actividad y disfrutar de una vida social enriquecedora.

Al ser éste el quinto y último plano que analizamos desde el punto de vista temático, debemos recordar una vez más que todas las dimensiones de nuestra existencia se relacionan entre sí, tanto para mejorar como para dificultar el desarrollo de cada una de ellas y de nuestra propia vida. Si aquí las hemos separado ha sido con el fin de facilitar el análisis e interpretación de los sueños desde los aspectos que más nos interesen o nos preocupen.

Así pues, el campo de las relaciones laborales y sociales está representado en numerosos símbolos y significados oníricos, que a veces confluyen con otros planos o pueden admitir diversas lecturas. Digamos por tanto una vez más que la enumeración y explicación de los elementos simbólicos que se da a continuación tiene sólo una finalidad orientativa, de carácter necesario pero no siempre suficiente para la precisa interpretación de cada sueño.

El cotejo con otros elementos, la relación con sueños anteriores, la consulta de la misma entrada en el diccionario, y la situación del soñador en la vigilia son, entre otros, recursos muy valiosos para ampliar y profundizar en la lectura de nuestro mundo onírico.

Los elementos simbólicos

Abad. Si en los sueños nos vemos con las vestiduras y la posición de un abad, puede significar que alguien conspira contra nosotros en asuntos laborales o profesionales.

Abejas. Ver muchas abejas laboriosas y/o en una colmena augura que los resultados de nuestro trabajo o nuestras empresas serán favorables.

Agonía. Pese a ser una situación desgraciada, ver a alguien o a nosotros mismos en agonía es un sueño de buen augurio. Sus beneficios se extienden a muchas actividades, entre ellas las sociales y laborales.

Ahogado. Si en un sueño rescatamos a una persona que se está ahogando, significa que alguien nos ayudará para alcanzar éxito en nuestro trabajo. Si no conseguimos salvarla, indica que algún aspecto de nuestra vida laboral se verá amenazado.

Aire. Si soñamos que sopla un aire suave y limpio, vaticina que por nuestras obras alcanzaremos la consideración y el respeto de los demás.

Amputación. Ver en sueños a personas con miembros amputados significa que esperamos mucho de los demás o les exigimos demasiado. Si nosotros mismos nos vemos mancos o cojos, indica que nuestro entorno no nos considera tan hábiles y eficaces como nos creemos.

Anillos. Llevar muchos anillos, o uno solo especialmente valioso, indica que vamos a obtener buenos resultados de nuestro trabajo o que prosperarán nuestras iniciativas o proyectos.

Árboles. Vernos en sueños bajo la copa de un árbol frondoso augura que nuestra posición profesional o laboral estará segura y protegida.

Ascensor. En el mundo onírico el ascensor es un claro vaticinio de nuestras perspectivas en el empleo o en nuestro colectivo profesional. Si sube, es posible que también nosotros tengamos un ascenso o destaquemos; si baja, podemos esperar la reprimenda de un superior o la crítica de nuestros colegas. Si en el sueño nos vemos solos en un ascensor, indica que nuestro éxito laboral dependerá principalmente de nuestro propio esfuerzo. Si vamos en un ascensor atestado, presagia que nos espera una dura competencia con los demás.

Autopsia. Si vemos que se le practica la autopsia a un desconocido o desconocida, el sueño advierte que debemos poner más empeño en nuestra vida social y de relación. Los otros sueños de autopsia no tienen interpretación en este plano.

Avería. Si soñamos que uno o más aparatos domésticos no funcionan, indica que sentimos que nuestros compañeros y/o colaboradores no nos apoyan como debieran. Si soñamos con una avería del coche, puede advertir que nuestro trabajo no va bien encaminado y puede fallar.

Avión. Soñar que viajamos en avión anuncia un golpe de suerte o ayuda de terceros que nos elevarán por encima de los demás. Si desde tierra vemos uno o más aviones volando, indica que debemos perseverar en nuestros anhelos y ambiciones de progresar.

Caída. Soñar que sufrimos una caída o nos precipitamos en el vacío no significa que vayamos también a caer en la escala laboral o profesional. Pero sí avisa sobre sentimientos de duda o indecisión que pueden afectar el avance de nuestra carrera.

Camión. Soñar que vemos camiones augura cambios inminentes en nuestro lugar de trabajo o situación profesional. Si nosotros mismos conducimos el camión, esos cambios serán favorables y así podremos dominar las nuevas circunstancias.

Campo. Soñar que se ve un campo yermo y árido es un aviso de que debemos poner más atención y dedicación en nuestras actividades. Ver en sueños otros tipos de campo no tiene un significado especial en el plano laboral y social.

Capucha. Llevar una capucha en sueños indica que inconscientemente ocultamos algo a los demás y tememos que nos descubran. Si vemos a otras personas con capucha, señala indiferencia o superficialidad en nuestro trato en sociedad o en el trabajo.

Ciego. Soñar que estamos ciegos es una advertencia de que podemos cometer un error grave en un proyecto profesional o en una relación laboral. Pero si en el sueño vemos a un ciego, augura buena suerte y éxito en esos terrenos.

Clavos. En la simbología onírica los clavos son una metáfora de la vida laboral y su destino inmediato. Si soñamos con clavos nuevos y fuertes, nos esperan momentos de éxito y reconocimiento. Si los vemos doblados, quebrados u oxidados, es indicio de sobresaltos y dificultades en el trabajo.

Colina. Las colinas representan bastante gráficamente la suerte de nuestras ambiciones y aspiraciones en la vida laboral y profesional. Si en el sueño subimos la falda de la colina a buen paso, augura un ascenso sostenido en nuestra carrera. Si nos vemos detenidos o retrocediendo, ésa será nuestra situación en los próximos meses. Finalmente, si en el sueño nos caemos o rodamos colina abajo, señala un conflicto que puede estropear nuestros esfuerzos y que quizá podamos evitar.

Cuerda. Si en sueños nos vemos trepando por una cuerda, augura éxitos y progresos en el trabajo gracias a nuestra dedicación y esfuerzo. Si vemos la cuerda enrollada en el suelo, advierte que no estamos aprovechando bien nuestras dotes y posibilidades.

Desnudez. En el mundo onírico la desnudez es una metáfora del despojamiento y de nuestra relación con la mirada y la opinión de los otros. Si soñamos que al estar desnudos nos sentimos más libres y satisfechos, indica que nos sentimos abrumados por los demás o por las obligaciones que se nos imponen. Si por el contrario sentimos vergüenza o desprotección al estar sin ropa, indica inseguridad y timidez en nuestras relaciones laborales y sociales.

Enfermedad. Soñar que estamos enfermos y debemos pedir la baja o guardar cama es señal de que tememos asumir nuevas responsabilidades o de que deseamos escabullirnos de nuestros compromisos con otras personas.

Escaleras. Las escaleras, como otros elementos que gradúan ascensos y posiciones, representan en el mundo onírico una metáfora del devenir de nuestra vida social y profesional. Así, si nos vemos subiendo, o ya en lo alto, es anuncio de éxitos y progresos, mientras que si descendemos o estamos en los primeros peldaños nuestro horizonte laboral es aún impreciso.

Exámenes. En principio pasar un examen en sueños significa que no estamos muy seguros de nuestras dotes y capacidades. Pero si en el sueño pasamos el examen, o lo respondemos con seguridad y aplomo, puede anunciar una prueba de la que saldremos reconfortados y reconocidos por los demás.

Familia. Si soñamos con una escena familiar en la que hay peleas y crispaciones, vaticina que ese mismo clima conflictivo puede presentarse en nuestro ámbito laboral o en el entorno social. Los sueños de familia con otros contenidos no tienen una interpretación que afecte a este plano.

Faro. Si en el sueño estamos dentro de un faro, o nos vemos como fareros, vaticina que conseguiremos el respeto y la admiración de los demás, que nos pedirán orientaciones y consejos.

Fiesta. Si en sueños participamos de una fiesta, en especial si ésta es popular y multitudinaria, indica que estamos prestando demasiada atención a los demás y a sus problemas, descuidando nuestros propios asuntos.

Flechas. Arrojar flechas o dardos a otras personas en sueños indica que intentamos llamar su atención, buscando su reconocimiento a nuestros méritos u obras. Recibir las flechas tiene otras interpretaciones en el plano sentimental y amoroso.

Fuente. Las fuentes de agua tienen un simbolismo purificador y fortalecedor. Si en el sueño nos lavamos en una fuente, o bebemos de ella, augura que nuestra opinión y nuestras dotes prevalecerán sobre los demás, que solicitarán nuestra guía y consejo.

Gallinero. En el simbolismo onírico el gallinero representa la situación de nuestro entorno laboral o nuestro vecindario. Si las gallinas están tranquilas y el gallo señorea gallardamente, no habrá grandes cambios ni conmociones en esos ámbitos. Pero si las aves de corral se muestran inquietas o se empujan y picotean entre sí, anuncia algún escándalo en el barrio o disputas en el lugar donde trabajamos.

Ganado. Desde tiempos muy remotos el ganado tiene numerosos significados en la interpretación de los sueños. En el plano que aquí nos ocupa, soñar que un rebaño de cualquier especie nos empuja o nos ataca señala que nuestra posición profesional o social provoca envidias y resentimientos.

Gatos. Soñar que vemos varios gatos, sobre todo si en el sueño éstos se cuelan en la casa o en nuestra habitación, indica que tendremos problemas inesperados con otras personas por asuntos de trabajo o de relaciones sociales.

Gente. Soñar con la gente en general, en forma de gentío o muchedumbre, simboliza nuestra relación básica con los demás. Si soñamos que nos sentimos cómodos y disfrutamos entre la multitud, significa que nuestras relaciones sociales y laborales serán exitosas y provechosas. Si en el sueño nos sentimos incómodos o descolocados en medio de la gente, no conseguiremos brillar demasiado socialmente ni mantener buenos contactos profesionales y de trabajo.

Gigante. Ver en sueños a uno o más gigantes significa que pronto deberemos pedir ayuda para sacar adelante un proyecto o actividad profesional.

Guantes. Los guantes protegen nuestro contacto con la realidad exterior, sea climática, material o humana. En la simbología onírica representan que ese deseo de protección nos impide asumir compromisos o interesarnos realmente por los demás y sus problemas. Si soñamos que realizamos una tarea con guantes, indica que procuraremos hacer bien nuestro trabajo, pero sin correr riesgos.

Guirnaldas. Si en el sueño pasamos por debajo de una guirnalda, o una hilera de ellas, augura que nuestras iniciativas y obras pronto serán reconocidas y admiradas.

Heridos. Si vemos en sueños a una o más personas heridas, por ejemplo después de un accidente o una pelea, y nosotros permanecemos ilesos, vaticina que destacaremos en nuestra profesión y en nuestra vida social.

Higos. Soñar que otras personas recogen y comen higos en nuestra presencia augura conflictos y malentendidos con socios, clientes o compañeros de trabajo. Probablemente esos problemas se deban a nuestra propia ineptitud o desatención.

Hormigas. Soñar con hormigas es siempre de buen augurio en el plano laboral, ya que simbolizan una época de laboriosidad, tenacidad y buena organización. En el plano social representan el orden y la colaboración mutua para emprender cosas en común.

Hospital. Al igual que en otros planos, soñar que estamos en un hospital es un vaticinio favorable para nuestras relaciones con el entorno de trabajo y con la gente en general.

Hotel. En el mundo onírico el hotel simboliza el reposo, la distracción y la falta de obligaciones. Soñar que nos alojamos en un hotel señala el deseo de librarnos por un tiempo de los requerimientos y deberes laborales, para poder descansar o dedicarnos a hacer más vida social.

Insectos. En la simbología de los sueños, los insectos representan a la gente, a los otros en su conjunto. Soñar con ellos indica que sentimos cierto desinterés o desprecio por los demás, o que no los consideramos a nuestra altura. Si en el sueño pisamos algunos insectos, señala que deseamos librarnos de personas de nuestro entorno. Si los insectos nos atacan, advierte que nuestra soberbia acabará trayéndonos problemas.

Joyas. Si en el sueño nos vemos cargados de joyas, señala que pretendemos aparentar más de lo que somos ante los demás, pero que así también nos engañamos a nosotros mismos.

Lavarse. La interpretación onírica recoge a menudo alegorías y simbolismos del mundo antiguo, como el relato bíblico sobre Poncio Pilatos. Por tanto, si en el sueño nos lavamos las manos ante los demás, significa que nos desentenderemos de una decisión, pese a que los otros nos pidan que opinemos o nos comprometamos en ella.

Lenguas. En los sueños, hablar u oír lenguas extranjeras representa la incomunicación con los demás. Así, si soñamos que otros hablan una lengua que no entendemos, significa que no prestamos atención a las personas de nuestro entorno, o no sabemos interpretarlas. Si en el sueño nosotros hablamos una lengua extraña, indica que no conseguimos expresarnos y transmitir nuestras ideas y opiniones, quizá por nuestras propias resistencias o limitaciones.

Lobos. Los lobos, depredadores y arteros, no tienen buena imagen en el mundo real, ni tampoco en el de los sueños. Si soñamos que una jauría de lobos merodea a nuestro alrededor o nos ataca, señala que recelamos de los que nos rodean en nuestro trabajo o negocio.

Llanto. Si en un sueño vemos a otras personas llorando, indica que podremos destacar por nuestros propios méritos y ofrecer consuelo y apoyo a los demás.

Madera. En los sueños la madera siempre tiene una relación muy directa con el mundo del trabajo. Si la vemos en forma de troncos o leños ordenadamente apilados, indica que formaremos parte de un grupo laboral consistente y organizado. Pero si vemos ramas o varas desperdigadas por el suelo, augura un trabajo inseguro o precario, sin grandes horizontes. Si en el sueño nos vemos cargando un haz de leña o un tronco muy pesado, vaticina que soportaremos un trabajo duro y agobiante.

Manchas. De forma general, ver manchas en sueños se asocia a sentimientos de culpa o de negligencia. En el plano laboral, ese símbolo onírico puede indicar que tenemos mala conciencia por nuestra actitud o rendimiento personal en el trabajo.

Máquinas. En los sueños las máquinas representan de forma muy directa y precisa una metáfora sobre el mundo del trabajo. Si las vemos relucientes, funcionando bien y a todo rendimiento, auguran una excelente época en nuestras actividades y tareas. Si trabajan lentamente, a destiempo y con dificultad, vaticinan conflictos y bajos resultados en nuestro quehacer laboral. Soñar con máquinas paradas, polvorientas y oxidadas advierte sobre la posibilidad de que perdamos nuestro trabajo o nuestra clientela profesional.

Mariposas. En el plano social y laboral, los sueños de mariposas anuncian problemas y malentendidos a causa de nuestra ligereza o inconstancia.

Mesa. Si en un sueño compartimos una buena mesa con nuestros socios, colegas o compañeros de trabajo es augurio de buen entendimiento y éxitos en nuestra actividad. Pero si nos vemos solos en nuestra propia mesa ya puesta, o en la de un restaurante, esperando a los demás, señala incomunicación y necesidad de mejorar nuestras relaciones laborales para poder triunfar en ese terreno.

Miedo. Afirma la sabiduría popular que el miedo es mal consejero. Soñar que tenemos miedo, sobre todo por causas ocultas o desconocidas, refleja inseguridades y temores que debemos superar si queremos llevar adelante tareas en común y relaciones sociales fructíferas.

Nuez. Con su corteza dura y su interior agradable y apetitoso, la nuez simboliza los logros que podemos obtener con nuestro empeño. Soñar que abrimos una nuez es anuncio de éxitos laborales o profesionales gracias a nuestro esfuerzo, cuya intensidad dependerá de la dificultad que presente abrir la cáscara en el sueño.

Oasis. Tanto en la realidad como en el simbolismo onírico, el oasis representa el descanso y la recuperación después de una travesía larga y agotadora. Si en la vida real pasamos por un momento laboral difícil, soñar que vemos un oasis augura que pronto cambiará nuestra suerte y encontraremos la forma de recuperarnos. Si nuestro momento real es bueno, la visión del oasis indica que aún nos quedan nuevas metas por alcanzar.

Pavo real. Este hermoso animal suele relacionarse simbólicamente con la autocomplacencia y la vanidad un tanto frívola, tal como expresa la palabra pavonearse. Por eso, soñar con uno o más pavos reales, advierte que mantenemos una actitud fatua y arrogante en nuestras relaciones laborales y sociales.

Payaso. En el mundo onírico el payaso representa su vertiente negativa, como personaje grotesco que mueve a risa pero da también un poco de pena. Si soñamos que somos un payaso, indica el temor a hacer el ridículo o dar lástima ante las personas de nuestro entorno. Si nos vemos rodeados de payasos, el significado se invierte y señala que somos nosotros quienes vemos a los demás con soberbia y desdén.

Rey. Soñar con la figura de un rey es siempre de muy buen augurio en lo que respecta a la posición y al brillo social. Si nosotros mismos nos soñamos en el papel de un rey, señala que alcanzaremos algún tipo de poder sobre los demás y gozaremos de su respeto y reconocimiento.

Roca. Si en el sueño vemos un peñón o roca pelada y solitaria, advierte que nuestra rigidez y/o retraimiento nos dificultan las relaciones sociales, y también las referidas al trabajo.

Sombrero. En el mundo onírico, llevar un sombrero indica el deseo (quizás inconsciente) de resaltar nuestro rango o posición ante los demás. Dependerá del tipo de sombrero la interpretación más ajustada del sueño, sin olvidar que su significado implica también cierto ocultamiento de nuestra verdadera personalidad.

Sótano. Bajar a un sótano en sueños, o encontrarnos en él, es índice de que deseamos o necesitamos aislarnos de los demás, tal vez para poder reflexionar o reconsiderar nuestra conducta social o laboral. Otra interpretación posible es la advertencia de que no queremos alternar y abrirnos a los demás.

Taxi. Si soñamos que el taxi nos lleva por un itinerario desconocido, y eso nos angustia, señala un temor inconsciente a dejar nuestros asuntos en manos de otras personas. Si vemos pasar uno o más taxis, sin cogerlos, advierte que mostramos resistencia a emprender negocios con otros o a participar de una tarea común.

Tierra. La tierra es un símbolo de fecundidad y generosidad. Si en el sueño nos vemos trabajando la tierra, sea en un campo de cultivo o para preparar un tiesto, vaticina que nuestra labor será recompensada y reconocida.

Torre. Ver una torre en sueños tiene siempre un significado de aislamiento y recelo, que en el plano laboral y social se traduce como distanciamiento de los demás por desconfianza sobre sus verdaderas intenciones.

Tortugas. Las tortugas, con su lentitud, su caparazón y su facilidad para encerrarse en sí mismas, no auguran grandes éxitos en las relaciones laborales y sociales. Si soñamos con ellas, representa que debemos revisar seriamente una actitud autoprotectora y temerosa que dificulta nuestro trato social y en el trabajo.

Vagabundo. Soñar con un vagabundo indica un deseo subyacente de liberarnos de nuestras obligaciones laborales y compromisos sociales. Si nosotros mismos nos vemos como un vagabundo, augura que ese deseo puede llegar a cumplirse, para bien o para mal.

Vestido. El vestido que llevamos en sueños es un símbolo de la apariencia que queremos dar ante los demás. El significado es claro si nos vemos con ropas elegantes o lujosas. Pero si nos soñamos desastrados o con andrajos, señala un miedo inconsciente a que los otros adviertan nuestras carencias o a que exageren nuestros defectos.

Visita. Recibir una visita inesperada en un momento incómodo indica que tememos la crítica de nuestro entorno por algo que no hemos hecho bien o que afecta a nuestra intimidad.

Zaguán. El tratar con alguien en el zaguán simboliza siempre frialdad y distanciamiento en ese trato, ya seamos nosotros los que recibimos a alguien u otro el que nos recibe.

Agenda personal de los sueños

Para dedicarse a la interpretación de los propios sueños con cierta efectividad, es necesario llevar una agenda personal en la que apuntar los datos y rasgos principales de cada situación onírica, así como nuestras impresiones y condiciones personales en la vigilia, incluyendo una interpretación básica de sus significados.

A lo largo del tiempo, estos apuntes nos permitirán ver qué temas se presentan con más asiduidad, cuáles se repiten con insistencia o cuáles desaparecen de pronto, y qué significados se pueden interrelacionar o influirse unos a otros, modificando o enriqueciendo la interpretación básica original.

Llegaremos entonces a establecer unas constantes de nuestra personalidad y nuestras tendencias de destino, que podremos seguir estudiando y analizando para conocer mejor los aspectos más ocultos y profundos de nuestra persona, y así poder mejorar nuestra vida y disfrutar mejor de todo lo que nos ofrece.

Le sorprenderá ver cuánto puede aprender sobre sí mismo llevando un registro de sus sueños, y comprobar el mundo apasionante y misterioso que se esconde en su propia vida onírica.

Interpreta tus sueños
Y. Soliah

Todos nos hemos sentido intrigados alguna vez por sueños extraños o inexplicables que se repiten con frecuencia. ¿Sabe qué significa perder los dientes o perder un botón? ¿Es un mal augurio soñar con la muerte, con fantasmas o con sepultureros? Gracias a la obra de Y. Soliah comprobará que en realidad los sueños son sólo mensajes simbólicos que nos envía nuestro subconsciente.

Aprenda a comprender los sueños, desde los más habituales a los más inquietantes y a distinguir los sueños premonitorios de los que son sólo reflejo de nuestra consciencia.

Aunque tenga miedo hágalo igual
Susan Jeffers

Libérese del miedo que le atenaza. Las técnicas explicadas, de forma amena y práctica, en este libro son auténticas herramientas de fácil aplicación y de gran eficacia para: controlar la propia vida y vencer el miedo, cambiar la forma de pensar y eliminar la ira y el resentimiento, encontrar el trabajo deseado, crear relaciones positivas con los demás o afrontar las situaciones con fuerza y seguridad en sí mismo.

Pensamiento positivo
Vera Peiffer

¿Por qué nos ocurre con tanta frecuencia que cosas aparentemente sencillas nos parecen imposibles? Vera Peiffer nos da ideas y nos propone ejercicios prácticos para eliminar los obstáculos y conquistar el control de nuestro propio futuro mediante la elaboración de un programa adaptado a la propia personalidad de cada uno, la superación del estrés en la vida doméstica y laboral, y la toma de contacto con los sentimientos interiores para eliminar los pensamientos negativos.